GAUKELCIRCUS

Ein Handbuch fürs Gaukeln mit Kindern

Von Klaus Borkens und Thomas Renneberg
Mit Illustrationen von Jürgen Todtberg

Ökotopia Verlag – Münster
Mai 1993

Impressum

Autoren: Klaus Borkens und Thomas Renneberg
Titelgrafik: Grafikbüro Rupert Tacke
Illustrationen: Jürgen Todtberg
Druck: Druckwerkstatt, Münster

© 1993 by Ökotopia Verlag, Münster

CIP- Titelaufnahme der Deutschen Bibliothek

Klaus Borkens:
Gaukel-Circus: ein Handbuch fürs Gaukeln mit Kindern /
Klaus Borkens; Thomas Renneberg. – Münster: Ökotopia, 1993
ISBN 3 – 92 51 69 – 48 – 2
NE: Renneberg, Thomas:

Inhalt

I. Entrée

Die Gaukelei ist eine Unterhaltungskunst, deren Platz noch vor einigen Jahren vor allem im Umfeld des klassischen Zirkus gesehen wurde. Durch die Wandlung dieses traditionellen Bildes (z.B. durch den Circus Roncalli) und die zunehmende Popularität der Techniken (z.B. die Entdeckung der Gaukelei für den Sportbereich) ist ein wahrer Boom der Gaukelei entstanden, der inzwischen seinem Höhepunkt entgegenstrebt.

Vor allem in pädagogischen Zusammenhängen [in der Schule (Gesundheitserziehung und Sport), auf Freizeiten, Zirkusprojekten, Vereinsfeiern, in Freizeitgruppen (Workshops und regelmäßige Gauklertreffen) und bei vielen anderen Gelegenheiten (Stadtteilfeste, Kleinkunstbühnen, etc.)] hat sich die Gaukelei einen festen Platz erobert.

Der Renner während der letzten Jahre war eindeutig der Circus. Zirkus, Cirkus und noch mal Circus. Man könnte meinen, daß sich bei »erfahrenen« Circus-Kindern und Circus-Erwachsenen langsam eine große Circus-Müdigkeit einstellen müßte, wenn man sich das verstärkte Aufkommen der Circus-Aktionen in der (Lern-) Welt der Kinder ansieht.

Doch »mitnichten«, denn die vielen Gestaltungsmöglichkeiten, die der Circus-Rahmen bietet, versiegen nur dann, wenn sich ein ständig wiederkehrendes Muster einschleift, eine Standardisierung verfestigt. Um dies vermeiden zu helfen, haben wir dieses Buch gemacht.

Einerseits beschäftigen wir uns mit den Techniken selbst und beschreiben sie im Hinblick auf ihre Vermittlung an Kinder und Jugendliche. Andererseits geben wir Hinweise zur Vorbereitung der Arbeit mit den Techniken und zeigen Gestaltungsmöglichkeiten/Notwendigkeiten auf, wenn es um die Präsentation derselben geht.

Darüber hinaus wollen wir versuchen, den Rahmen der Präsentation, der sich vielerorts auf den Circus beschränkt, zu öffnen und verschiedene andere Spielarten zu beschreiben.

In durchgeführten Workshops und Seminaren und in unserer Arbeit mit Kindern/Jugendlichen (CIRCUS MÜCKE) wurde uns deutlich, daß über die Techniken hinaus und das Interesse, diese zu erlernen, bis auf einiges Standardwissen kaum etwas über die Bedürfnisse und Möglichkeiten bei der (Circus-)Arbeit mit Kindern/Jugendlichen bekannt war. Die Fragen zum Thema waren so vielschichtig, daß wir uns zu einer übersichtlichen Zusammenstellung der Aufgabenbereiche für diese spezielle Arbeit entschlossen haben.

Unser Hauptaugenmerk liegt auf Projekten wie z.B. Ferien-Circus-Wochen, die Kindertreff-Revue, eine Circus AG oder ... wobei aber auch für

Initiatoren und MitarbeiterInnen von Kurzprojekten, Schnupperangeboten, Workshops, etc. übertragbare Anregungen, Hinweise und Hilfestellungen zu finden sind.

Das Buch soll die Vielfalt, die in den Techniken und Spielarten der Gaukelei enthalten sind, voll ausschöpfen, neue Zugangsweisen erkennbar werden lassen, Möglichkeiten schaffen, um neue Bereiche für das Thema nutzen zu können und vor allem, um sich selbst die Faszination an dieser Kunst zu erhalten, ohne die das Ganze zu einer mühsamen, weiteren »Kreativitätstechnik« neben anderen verkommen würde.

Deswegen werden wir uns vor allem auf den Prozeß der Arbeit, d.h. auf den Verlauf, auf die Technikentwicklung, auf die Gestaltung konzentrieren und hier auftauchende Probleme erläutern und nach den Möglichkeiten suchen, die in dieser Arbeit enthalten sind.

Wir haben uns bemüht, Stil und Aufteilung des Buches so zu wählen, daß es als Ganzes lesbar und unterhaltsam bleibt. Für die sich schnell Informierenden sind übersichtlich und knapp gehaltene Darstellungen eingefügt, die ein schnelles Zurechtfinden ermöglichen; ergänzt wird das Gesamte durch eine umfangreiche Auswahlbibliographie am Ende des Buches.

Reg Bolton: »*Everyone knows what circus is. Everyone knows that it is a succession of acts mixing the four traditional elements of human skills, horses, clowns and exotic animals; that it takes place in the Big Top with a sawdust ring and loud music; that it is introduced by a whip-cracking ringmaster … and is presented by manly men and glamorous women (…) all with Italianate names but looking uncannily like the (…) men and women who took the tickets and sold the candy floss…(But) what is New Circus?*«

(»New Circus«, page 6)

II. Mach bloß kein' Zirkus
Gaukelei – GaukelCircus – New Circus

Die Gaukelei ist in fast allen ihren Spielarten wesentlich älter als der Circus. Ihre Techniken (Akrobatik, Jonglage, Balance…) wurden schon genutzt, um römische Kaiser und mittelalterliche Fürsten zu unterhalten. Neben dem Circus haben sich im Laufe der Jahrhunderte viele Zusammenhänge entwickelt, in denen sich Gaukler ihr Brot verdienten. Einige sind verschollen, wie z.B. die Commedia dell'arte oder zeitgenössische Shakespeare-Inszenierungen[1], andere haben sich seit dem Siegeszug des Zirkus im 19. Jahrhundert mit einem Schattendasein begnügen müssen (Varieté) oder sind so weiterentwickelt worden, daß neue Inhalte in vorderster Reihe stehen (Revue).

Bewußt haben wir dem Buch den Namen »GAUKELCIRCUS« gegeben[2], um deutlich zu machen, daß die klassischen Circustechniken – besser, die im Circus genutzten klassischen Gaukeltechniken – in vielfältigeren Zusammenhängen genutzt werden können, als der Rahmen des traditionellen Zirkus dies vorgibt. Die ganze Show-Welt des Fernsehens ist voll davon, mit einem wesentlichen Unterschied: »Perhaps the most significant thing about New Circus is *where* it happens«; nämlich life an den verschiedensten Orten und von »performers of all social groups, from street kids to university professors.« [R. Bolton »New Circus«, p.7]

---

1 Kaum zu glauben, aber ähnlich wie die akrobatischen Einlagen der traditionellen Peking Oper auch im chinesischen Circus auftauchen, sind auch bei uns (zumindest seit der Renaissance) viele Gaukeltechniken aus theatralen Zusammenhängen überliefert.

2 Im angelsächsischen Sprachgebrauch hat sich für diesen Bereich der Name »New Circus« eingebürgert.

Das bedeutet für uns, daß man sich zwar an »Vorbildern« (aus Fernsehen, Manege oder Bühne) orientieren kann, jedoch sterile Perfektion und eine Huldigung und Idealisierung der »Helden« des Show- und Musikgeschäftes (z.B. die Dressurleistungen à la Mini-Play-Back-Show) zugunsten eigener Gestaltungsideen und Ausformungen vermeiden sollte.

Welche Präsentationsformen sich hier anbieten und unter welchen Gesichtspunkten sie in die Arbeit eingebracht werden können, zeigt das folgende Kapitel.

1. Circus ... und darüber hinaus

Die Heimat der Gaukeltechniken im Circus ist *die Manege*, auch heute noch! Die sich um die Manege rankenden Circusphantasien sind, für Kinder wie für Erwachsene, grenzenlos. Solange aber eine Manege existiert, gehen die Vorstellungen nicht so weit, daß die Gefahr besteht, daß der Rahmen gesprengt oder eine ausufernde Flut von Ideen ausgelöst wird. Selbst wenn man die Vielfalt des Circus auf eine einzige Form reduzieren würde, z.B. die Clowns, und das Ganze in der Manege spielte, hätte man einen Circus, einen Clowns-Circus oder Circus der Clowns ... Für die AnleiterInnen bleiben die Bedingungen somit immer überschau- und handhabbar.

Trotz der schönen Bilder und des besonderen Flairs bleibt jedoch das Problem, daß der gesamte Rahmen des Circus auf der – meist lautstarken- *Präsentation von technischen*, auf den traditionellen Künsten der Gaukelei basierenden *Fertigkeiten und Sensationen* aufgebaut ist.

Kinder orientieren sich in ihren Vorstellungen an dem Gesehenen. Es gibt jedoch Kinder, die das Circusspiel über alles lieben, aber gerade vor dem Sich-Präsentieren, dem Lautstarken oder dem Erlernen von Fertigkeiten (vor allem in meist kurzer Zeit) Angst haben.

Da Circus aber Circus bleibt, solange in der Manege gespielt wird, kann das *Mitbenutzen »wesensfremder« Bereiche* obige Problematik lösen helfen:

Denn auch wenn sich der Circus eher mit traditionellen Künsten beschäftigt, sollten die »moderneren« Formen der Artistik oder die den klassischen Circuskünsten nicht zugerechneten Bereiche nicht ausgespart werden.

Wichtig ist, daß das einmal eingebrachte eigenständige Interesse der teilnehmenden Kinder nicht durch den Satz »Das gehört aber doch nicht zum Circus« abgewürgt wird, sondern daß man offen genug ist, um derartige Ideen für den einmal gesetzten Rahmen nutzen zu können:

Der Welt größte und einmalige
Attraktion: die rollerscatenden
Löwen, wenn's denn sein soll…

Schwarz-Licht-Theater, Figuren- oder Schattenspiel für die Kinder, die sich nicht gerne verkleiden, geschminkt in der Öffentlichkeit stehen oder mit großem Trärätätä als »was-weiß-ich« angekündigt werden.

Walkacts oder running gags für diejenigen, die zwar im Circus mitmachen wollen, aber nicht als eigene Programmnummer. Sie wollen lieber vorher als lustige Figur die Zuschauer necken oder sie umständlich auf ihren Platz führen (walkact). Ein Witz, der unbedingt vorgetragen werden soll, unterbricht immer wieder den Direktor, aber dann gelingt es nicht, sich an die Pointe zu erinnern – oder der Witz wird falsch erzählt, oder, oder, oder… (running gag).

Manche, vor allem ältere, Kinder sind daran interessiert, mit ihrer Redefertigkeit zu glänzen. Sie bringen interessante oder witzige Texte mit, die sie aufsagen oder vorlesen wollen. Auch hier bestehen Möglichkeiten, für Akteure und Zuschauer eine interessante Lösung zu finden: Die Rolle des Politikers, der das »Circus-Festival« eröffnet, oder des überintellektuellen Direktors, der sich in wissenschaftlichen Abschweifungen verliert, seien hier als Vorschläge genannt.

Etwas genauer …

a) Handpuppen, Masken, (Groß-)Figuren

Märchen- und Sagengestalten faszinieren auch heute noch die Kinder. So sind Spielvorschläge aus diesen Gebieten nicht selten – doch wie den feuerspeienden Drachen darstellen, die Verwandlung des kleinen Jungen in ein Tier oder die Prinzessin, die auf dem fliegenden Teppich angereist kommt?

Zur Bearbeitung dieser Probleme bieten sich Elemente aus der Welt des Figuren- und Maskenspiels an. Durch den Einsatz dieser Medien können so manche *Illusionen* auf die Bühne gebracht werden, und darüber hinaus sind für die Kinder noch handwerkliche Erfahrungen bei der Gestaltung der Objekte möglich.

Einige Beispiele
➤ Nach der Veranstaltung kann der gezähmte Lindwurm dann alle Kinder aus der Manege geleiten. Drachenkopf aus Pappmaché, langes Tuch.
➤ Die Prinzessin gleitet erst an Stab und Fäden befestigt, als Puppe über die erstaunten Gäste und landet dann mit lautem Geschepper hinter der Bühne, um dann sogleich in Lebensgröße zu erscheinen und sich beim Direktor über die miserablen Landebedingungen für Teppiche zu beschweren.

➤ Unter einem großen Tuch verborgen liegt die Maske des wildesten Raubtiers aller Zeiten. Der Zauberer bittet ein eingeweihtes Kind auf die Bühne, stülpt ihm Tuch (und damit Maske) über und tut sein magisches Werk ... unter Knurren und Fauchen kommt das so veränderte Kind zum Vorschein. Auf ähnliche Weise lassen sich auch Vergrößerungen und Verkleinerungen zaubern.

Zum Bereich Maske gehören auch *das Schminken* und *die Verkleidung*. Kinder haben oft großen Spaß, sich mit ein paar Tüchern, ein paar Farbtupfern im Gesicht und mit Hilfe ihrer Phantasie in die wundersamsten Personen und Geschöpfe zu verwandeln. Für die Bühne oder Manege, d.h. für den Zuschauer, sind derartige »Verwandlungen« aber oft unverständlich und zeitigen natürlich auch nicht die von den Kindern erhoffte Wirkung, was u.U. Frust erzeugt.

Die BetreuerInnen sollten hier also eingreifen – mit Tips, durch eine Anleitung zum Schminken oder indem sie selbst die Kinder schminken. Das

Zur-Hilfe-nehmen von *Vorlagen* erleichtert den Prozeß, mit den Kindern gemeinsam das geeignete Gesicht zu finden.

Vorlage kann heißen, Mein Schminkgesicht ein(ige) Buch/Bücher mit Schminkgesichtern bereitliegen zu haben, aus solchen Büchern kopierte Gesichter an die Wand zu heften oder die Kinder selbst in ein einfaches Strichmännchengesicht ihre Vorstellungen von Formen und Farben einzeichnen zu lassen, und diese dann im Gespräch beim Schminken selbst zu konkretisieren.
[Weitere Tips hierzu siehe Exkurs: Materialkiste]

Das *Sich-Verkleiden* gehört zu den schönsten Aktivitäten; die ersten Versuche zu einem anderen Rollenverhalten finden hier statt. Doch Kinder sind erst ab ca. 8/9 Jahren zu rollendistantem Verhalten in der Lage und spielen sonst oft nur sich selbst. Wird die Verkleidung als Mittel für einen Rollenwechsel genutzt, sollte das Verhalten »in der neuen Haut« (Bewegungen, Sprache, Gestik, Mimik, etc.) auch Thema der Probenarbeit sein.

b) Schwarz-Licht- und Schatten-Theater

Ein weiterer lohnender – technisch jedoch aufwendiger – Bereich ist das Schwarz-Licht-Theater oder das (Menschen-) Schattenspiel. Wobei zu sagen ist, daß das Herstellen der Requisiten in diesem Metier etwas einfacher, da zweidimensional, ist. Nur in bezug auf die verwendeten Materialien sollten schon Erfahrungen vorliegen.

Nicht jedes Weiß/jede (Leucht-)Farbe leuchtet unter UV-Licht, und wie stark muß der Scheinwerfer für das verwendete Tuch und die vorgesehene Entfernung zu demselben sein …?
[Literatur siehe Kapitel VII b]

c) Wortakrobatik

»Es war einmal ein See, der war immer voller Schnee, darum nannten ihn alle Leute nur Schneesee. Um diesen Schneesee wuchs Klee, der Schneeseeklee, der wuchs rot und grün, und darin äste ein Reh, das Schneesee-

kleereh, und dieses Schneeseekleereh wurde von einer Fee geliebt, die so
schön war wie Scheherezade, der überaus anmutigen Schneeseekleereh-
fee …« [Aus: Franz Fühmann »Die dampfenden Hälse der Pferde im Turm
von Babel« S.12 ff.]

Der obige Text allein hat es schon in sich, doch welche Überraschungen
werden erst ermöglicht, wenn dieser Text vorgetragen wird von zwei zwölf-
jährigen »Wissenschaftlern« quasi in einem innerdisziplinären Disput.

Die Sprache kann als Medium genutzt werden, um Clownerie oder Akrobatik einmal anders zu präsentieren:

➤ eine wortakrobatische Ansage
   zum Thema der »Schlappistik«
   (der Kunst des Schlappseillau-
   fens)

➤ die Werbung für einen universell
   einsetzbaren Bürostuhl (ein
   Akrobatikpartner stellt diesen
   Stuhl dar und wird vom »Verkäu-
   fer« entsprechend positioniert
   und benutzt …)

Dabei geht es nicht darum, den Kindern eine versteckte Sprachschulung zu
vermitteln, sondern denjenigen, die sich lieber geistig denn körperlich
betätigen, auch einen Platz in der Manege zu verschaffen. Als Vorlagen
können die lautmalerischen Gedichte von Kurt Schwitters oder Ernst Jandl,
aber auch bekannte Kinderreime oder Heinz-Erhardt-Verse dienen.

ottos mops

ottos mops trotzt
otto: fort mops fort
ottos mops hopst fort
otto: soso

otto holt koks
otto holt obst
otto horcht
otto: mops mops
otto hofft

ottos mops klopft
otto: komm mops komm
ottos mops kommt
ottos mops kotzt
otto: ogottogott

[ernst jandl »der künstliche baum«; S. 58]

Ältere Kinder lassen sich auch auf Improvisationen mit Sprache ein, z.B. auf die in der Clownerie gebräuchliche Gromolo-Sprache (z.B. Charly Chaplin in »Moderne Zeiten«) oder auf die comic-hafte Beschreibung von Handlungen (siehe auch »Gaukeln mit Geräuschen« in diesem Kapitel).

d) Walkact, Running Gags

Wie die Namen schon sagen, handelt es sich bei dieser Gattung von »Nummern« um Aktionen in Bewegung. D.h. entweder sind es Personen, die in ihrer Typisierung außerhalb der Bühne vor, während oder nach der Vorstellung umhergehen und Handlungen ausführen, die für den Ort, die Uhrzeit oder die Situation unpassend oder überzeichnet sind (walkacts), oder es sind Personen, die ihre Aktion in leichten Abwandlungen immer wieder zur Schau stellen bzw. zur Schau stellen wollen (running gag).

Beispiele für walkacts

➤ Ein im Schlafanzug Gekleideter geht mit einem großen Wecker umher und will die exakte Zeit wissen ...

➤ Zwei »Förster« oder »Militärs« schleichen herum und beobachten irgendetwas (Fernglas), was sie sich gegenseitig zeigen ...

➤ Das Reinigungspersonal fängt in der Pause schon mal an ...

Beispiele für running gags

➤ Der Clown kommt mit immer wieder neuen Ausreden, um den Direktor bei seiner Ansage zu stören.

➤ Ein überaus nervöser Mensch kommt alle zweite Nummer und will einen Witz erzählen; es passiert aber laufend etwas, so daß er nicht dazu kommt: er hat den Text vergessen, er liest den falschen Zettel (Einkaufsliste) vor, er muß niesen, immer wenn er anfängt, spielt die Kapelle einen Tusch ...

Auch in der Aufführung selbst können solche Figuren u.U. auftauchen und ihre Nummer somit einleiten, z.B. die Putzfrau, die später mit ihrem Handwerkszeug (Klobürsten und Abflußsauger, Feudel oder Besen) jongliert oder balanciert.

e) Skateboard, Rollerskates, BMX-Rad ...

Diese »Sportarten« stehen hier für die Fülle von *nicht-circensischen Aktionen*, die eine Bereicherung für die Vorführung darstellen. Es braucht allerdings ein wenig Phantasie, um diese Techniken, die von den Kindern und Jugendlichen meist schon mit vorführungsreifer Fertigkeit beherrscht werden, in das gauklerische Geschehen einzubinden. Denn die Half- oder Quarterpipe auf der Bühne zu installieren, kann u.U. zu aufwendig sein. Es muß also nach Einbindungen gesucht werden, die in den Rahmen passen, nicht so aufwendig sind und von den Jugendlichen akzeptiert werden.

Als *Besonderheit* fallen unter diese Rubrik die Möglichkeiten aus der Equilibristik mit *Röhnrad, Einrad, Hochrad, Kunstrad* ...

Gerade solchen Circusprojekten, die die notwendigen Räumlichkeiten dafür haben – z.B. in einer Schule angesiedelt sind – und die finanziellen Mittel bereitzustellen gewillt sind, bieten sich Möglichkeiten, diese Geräte alternativer Bewegungskultur z.B. für den Sportunterricht und für das Projekt anzuschaffen.

Wichtige Voraussetzung ist hier die flexible Handhabung der Gerätenutzung: Möglichkeiten, Einrad und Hochrad auszuleihen, Möglichkeiten, in Frei-Zeiten die Geräte nutzen zu können (Hallenzeiten) und eine qualifizierte Anleitung/Betreuung.

f) Theater mit und durch Bewegung / Bewegungstheater

Körperliche Bewegung ist ein wichtiges (nonverbales) Kommunikationsmittel. Kinder drücken sich sehr vielfältig über Bewegung aus und sind auch eher bereit, »Bewegungsäußerungen« vor Publikum zu präsentieren, als verbale Äußerungen.

Bewegungstheater greift diese Tatsache auf und versucht, das kreative Potential in den Bewegungsäußerungen der Kinder für die Aufführung zu nutzen.

Ausgangspunkt für das Erarbeiten einer eigenständigen Gestaltung ist dabei die *Improvisation*. Ausgehend von Alltagsbewegungen/-themen der Kinder, von Musikstücken oder von Requisiten, aber auch von Texten/Gedichten oder Bildern/Fotos, werden Bewegungen gesammelt und zusammengestellt, die ein bestimmtes Gefühl, eine Aussage oder eine ganze Szene gestalten helfen.

Ein Beispiel: In einer Gruppe von sechs Kindern, die sich für die Laufkugel entschieden hatten, entstand der Wunsch, mit Regenschirmen, die sie in der Materialkiste entdeckt hatten, auf der Kugel zu balancieren. Bei der Namensfindung für die Gruppe spielten die Regenschirme wieder eine Rolle. Als Musikvorschlag wurde dann noch »raindrops keep falling on my head« eingebracht, und los ging es:

- Wie geht jemand, wenn es regnet?
- Wie bewegt man sich, wenn man einen Regenschirm trägt (auch wenn es nicht regnet)?
- Wozu kann ein Regenschirm benutzt werden? Fallschirm, Versteck für Personen, aber auch z.B. für die Laufkugel, Schwert, Kreisel, Balancierstange, um sich was zu angeln, etc.
- Wieviele Leute passen unter einen Regenschirm? usw.

Mit den Bildern, die dann beim Spielen mit den Schirmen entstanden, gestaltete sich dann die gesamte Nummer:
Die Kinder kamen nacheinander auf die Bühne, jedes trug auf seine Art den eingeklappten Regenschirm; die Musik setzte ein, und das Laufen wurde beschwingter, später hektischer; einige kauerten sich zusammen, andere stemmten sich gegen den Wind und Regen, wieder andere patschten durch imaginäre Pfützen. Das Wasser stieg, und alle kletterten auf ein Podest; diejenige, die am besten Kugel laufen konnte, brachte nun allein die Kugel – das Boot – gesteuert mit einer langen (Balancier-)Stange wie die Gondeln in Venedig über die Bühne zum Podest; nacheinander zeigten nun alle ihre Kunststücke auf der »schwimmenden« Kugel …

Bei diesem Beispiel ging der Weg von der Gaukeltechnik (Laufkugel) über die Balancierhilfe (Regenschirm) zur Gestaltung der Nummer.

Genauso ist ein anderer Weg denkbar: Ausgehend von der »Requisite« Leiter entstand ein anderes Mal eine spannende Clownsnummer: »Die Feuerwehr löscht das Feuer der Fakire.«

Oder mit Älteren gelang es, eine wilde Schlägerei in die Manege zu bringen, ohne daß sich jemand berührte. Zu den Klängen von festlicher Walzermusik prügelten sich die vier Akteure in Zeitlupe und auf Distanz, bis ein kleiner Steppke mit Polizeimütze und Schaumstoffhammer (aus der Materialkiste) dem Treiben ein Ende bereitete.

Die wesentliche Idee bei dieser Form von Theater ist, keine fertigen Spielstücke anzubieten, sondern eben über die Improvisation zu versuchen, die Kinder zur Gestaltung ihrer ganz individuellen Nummer anzuregen. Die Bilder werden dabei so aufgebaut (und dabei kann ruhig auch auf stereotype Figuren zurückgegriffen werden), daß die Phantasie der Zuschauer in das Geschehen eingebaut wird; sie schließt die Lücke in den Handlungsabläufen und vermeidet so überflüssige verbale Erläuterungen.

g) Mit Geräuschen gaukeln

Die Technik, *Erzähltes oder Gespieltes mit Geräuschen zu untermalen,* gibt dem Gezeigten nochmal einen extra Dreh. Die Phantasie der Zuschauer wird direkt angesprochen. Man kann diese Hörwelt exakt bedienen und damit den Spielraum akustisch erweitern oder so überzeichnen, daß die Komik in der Differenz von Gesehenem und Gehörtem liegt.

Wenn dabei mit dem Mikrophon gearbeitet wird, gilt es auszuprobieren, was damit alles möglich ist:

➤ Entweder sind Stimme, Mund, Nase und Finger das Instrumentarium oder

➤ man nutzt – wie im Hörspiel – Gerätschaften, die mit Hilfe der Verstärkung erstaunliche Geräusche hervorbringen (z.B. Seidenpapier knüllen = knisterndes Feuer; hier lassen sich auch die Geräuscheprogramme elektronischer Geräte/Synthesizer einsetzen).

Unsere Form mit Geräuschen zu gaukeln ist, im Gegensatz zu klassischen Nummern (Bauchredner oder Stimm- und Geräuschimitatoren), keine reine Soloarbeit. Ein ganzes Ensemble von GeräuschemacherInnen kann z.B. ein komplexes Szenario wie den Dschungel oder einen belebten Bahnhof, in dem die Geschichte stattfindet, viel besser herstellen als ein Solist.

h) Skulpturen, kinetische Objekte, verrückte Fahrzeuge … Videotechnik …

Der Bereich, der hier angesprochen werden soll, ist die Verbindung von Kunst und handwerklich-technischen Fertigkeiten:

➤ Der Clown, der auf einem selbstfahrenden Gefährt hereinkommt, was rattert, eiert und jeden Moment auseinanderzufallen droht, aber irgendwie doch den Anschein erweckt, als könne es auch noch fliegen, ist eine Attraktion, die ihren Reiz aus einem ganz anderen Grund hervorbringt…
  – Es scheint, als könne das gar nicht funktionieren.
  – Es ist schön, befremdlich oder ungewohnt anzusehen.

➤ Das »Nummerngirl« wird durch eine Art fahrbaren Roboter/Bildschirm »ersetzt«, der an einer Schnur über die Bühne gezogen wird.

➤ Der Magier erhält eine Bühnendekoration, die aus weißbespannten Drei- oder Vierecken besteht, die unterschiedlich farbig beleuchtet werden. Gleichzeitig dienen sie als Projektionsfläche für einen filmischen »Zaubertrick«: z.B. er läßt eine lebende Person verschwinden, und diese taucht dann plötzlich auf einer der Projektionsflächen (Videoeinspielung) wieder auf.
Als Assistent steht ihm ein batteriebetriebenes Objekt zu Diensten, welches unaufhörlich schnarrt, rasselt und sägt.

2. Varieté

Der Gestaltungsrahmen für ein Varieté, das von Kindern gezeigt wird, scheint auf den ersten Blick recht eng zu sein. Ihm haften eine ganze Reihe von Bildern an (exclusiv, gehobene Unterhaltung, frivol ...), die sich nicht so ohne weiteres mit Kinderwelten vereinbaren lassen.

Betrachten wir es etwas genauer, fällt der Zugang zu dem Genre schon leichter, denn ...

Eigentlich ist das Varieté die kleinere und jüngere Schwester des Circus. Ein Veranstaltungsrahmen, der, eben nicht als Volksbelustigung gedacht, ursprünglich vornehmlich ausgesuchte Kreise unterhalten sollte. Das ist heute durch veränderte Klassengegensätze und das Medium Fernsehen anders geworden. Gerade um breitere Massen anzusprechen, ist es »stubenrein« geworden, und in ihm agieren so glitzernde Helden und Lieblinge wie z.B. Siegfried und Roy.

Was nun unterscheidet das Varieté vom Circus und macht es zu einem eigenständigen Bereich?

➤ Es wird auf einer Bühne gespielt. Oftmals ist sie durch Anbauten erweitert, die ins Publikum führen (Laufsteg, Spielorte im Publikum, etc.).

➤ Das Publikum sitzt an Cafétischen oder in Stuhlreihen, zwischen denen z.B. ein »Taschendieb« oder ein Tischzauberer problemlos agieren können.

➤ Glitter, Glamour, Federboas und stereotype männliche/weibliche Bewegungen oder Haltungen sind auf der Bühne tonangebend. Das Ambiente erinnert so eher ans Theater und hat oft operettenhafte Züge.

➤ Die VarietédirektorIn heißt Conférencier und führt durch das Programm, in dem sie auch sich selbst darstellt. Meist ist sie selbst eine KünstlerIn, die für dieses Programm in die Rolle der AnsagerIn schlüpft. Sie kann sich wesentlich vielfältiger präsentieren (mit Gesang, Witz, Zauberei, etc.) als die CircusdirektorIn und bildet so eine eigenständige Klammer für das Programm.

➤ Eine weitere wichtige Funktion übernimmt die meist vorhandene Life-Band, die sowohl die Nummern begleitet als auch für die Pausen und Übergänge das nötige Flair transportiert – nicht zu laut, mit dem gewissen Stil von Salonfähigkeit. Ist keine Band zur Verfügung, ist zumindest die Bühnentechnik entsprechend ausgerüstet (Cassettenrecorder mit vernünftiger Verstärkung und Boxen; Möglichkeiten für Lichteffekte).

Dem Circus ähnlich ist der Aufbau des Programms. Es handelt sich um ein Nummernprogramm, in dem, bis auf klassische Clownsrollen und Großtiernummern, alles enthalten sein kann, was auch im Circus an Techniken geboten wird. Oft ergänzt ein thematischer roter Faden den Ablauf, der sich dann in Kostümierung, Themen und Aktionen niederschlägt. Kinder kennen diese Form vorwiegend aus dem Fernsehen, und ihre Vorstellungen sind durch dieses Medium geprägt.

Es bestehen aber durchaus Möglichkeiten, die Anforderungen dieses Genres zu bedienen, bzw. mit ihnen zu spielen, sie z.B. durch Überzeichnung zu brechen.

Da sich das Varieté nicht in der Manege, sondern auf einer Bühne abspielt, sind auch mehr bühnentypische Nummern vertreten, wie z.B. Tanz, Sketch, Kabarett, Mime und sogar kurzes Sprechtheater.

Die Freiheit der Inhalte ist also größer als im Circus. Da es so schwieriger wird, bekannten Vorbildern nachzueifern, stehen Varieté-Programme oft unter einem Motto. Professionelle Varietékünstler geben ihren Nummern eine innere Dramaturgie, ein Thema, eine bestimmte Konstellation der Spieler, die dem Publikum ein schnelles Einordnen, Wiedererkennen möglich machen.

Auch bei der Arbeit mit Kindern kann dies sinnvoll sein. Bestimmte Zeitepochen bieten sich ebenso an wie bekannte Themenbereiche. Zwar müssen jeweils Zugänge zu diesen Themen und Zeiten erarbeitet werden, aber die einzelnen Gaukeltechniken können so auf neue Art gezeigt werden.

Beispiele

20 er Jahre:

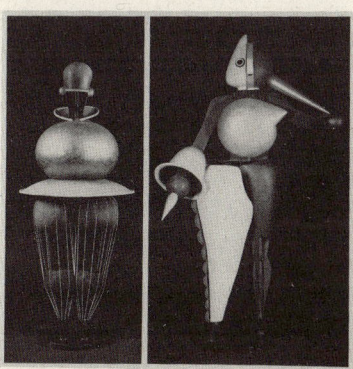

mit Turnerriege; Frackzauber; Schlangentanz; Charleston; Fred Astair/ Stepdance und sogar Oskar-Schlemmers (Bauhaus) »triadisches Ballett«
[Foto: Kostüme ›Goldkugel‹ und ›Der Abstrakte‹ aus Kulturspiegel, S.236]

Weitere Anregungen: »Mozart«, Barock, Rokkoko;
                        Zurück in die Zukunft …

Heller's And'ré Welten: Magie; Sensationen; Verblüffendes; Kostümvielfalt
                        (Flic Flac)

Vaudeville:

mit chaplineskem Outfit;
Gentleman Jongleur und
gespielten (Sketch-)Wit-
zen

Weitere Anregungen: Western World; Vampir-Varieté;
Das aktuelle Sport-Show Varieté; Märchen-Welten;
La cage aux folles/Travestie …

Darüber hinaus bietet sich für die Arbeit mit älteren, schon geübteren Artisten, die schon mit den Techniken »spielen« können, eine Persiflage von
eben jener »edlen« Show-Welt an: Ein Jugendlicher spielt einen Magier,
dem nichts gelingt… dann aber doch; die dressierte Sardinenbüchse; das
Mikrofon funktioniert nicht; die Entfesselung mißlingt …

Was für die Arbeit am (Thema) Circus gilt [siehe Kapitel III und IV], wird
hier bestätigt: Je klarer und umfassender die Bezüge zu den jeweiligen Themen hergestellt werden, desto größer werden die Spielmöglichkeiten und
die Eigenmotivation der Akteure sein.

3. Jahrmarkt und andere Volksfeste

Der Jahrmarkt war in früheren Jahrhunderten (und ist es in vielen Ländern
auch heute noch) *das* gesellschaftliche Ereignis in einem Dorf, einer Stadt.
Märkte und Messen gab es durch alle Zeiten hindurch, und Feste und Fei-
ern wurden schon immer um sie herum veranstaltet. Das Spektakel des
Kaufens, Anbietens, Handelns und Verhandelns wurde schon immer von
solchen begleitet, die mit Gaukeltechniken, Geschichten und Sensationen
das Volk interessierten und für die Darbietungen sammeln gingen.

Unendlich viele Geschichten und Märchen erzählen vom Markt, vom
Bazar. In diesen lassen sich auch zahlreiche Anregungen für die inhaltliche
und atmosphärische Gestaltung eines derartigen Festes finden (Kirchweih,
Schützenfest, orientalischer Bazar …). Doch auch Überlegungen, wie denn

ein moderner Jahrmarkt aussehen könnte, sind möglich, wobei jedoch darauf zu achten ist, daß hier eher der Stil von »Hau-den-Lukas« und Wahrsagerzelt Pate stehen sollte, als die Hochleistungsmaschinerie heutiger Kirmesveranstaltungen.

Grundgedanke dieser Veranstaltungsform ist, daß alle Aktivitäten gleichzeitig und auf engem Raum (drinnen und/oder draußen) stattfinden.

Da der Erfolg einer derartigen Aktion wesentlich von der Atmosphäre abhängt, ist der arbeitsmäßige und finanzielle Aufwand entsprechend hoch, aber in seiner Vielschichtigkeit auch besonders reizvoll.

Einen derartigen ganzen Markt zu gestalten (z.B. à la Luna Park Hamburg oder Tivoli Kopenhagen) bedeutet auf der einen Seite einen hohen organisatorischen Vorlauf, auf der anderen Seite sind hier besonders viele unterschiedliche Interessen, Fähig- und Fertigkeiten aller Alters- und Bevölkerungsgruppen integrierbar:
– Die Stände und Schaubuden wären zu bauen,
– Kostüme müßten zusammengestellt oder entworfen/geschneidert werden,
– kulinarische Besonderheiten könnten zusammengetragen werden.
– Welche handwerklichen Fähigkeiten lassen sich auf dem Markt präsentieren: Töpfern, Färben, Backen, Schmieden …?
– Musikalische und (volks-)tänzerische Darbietungen von bestehenden Gruppen könnten eingebunden werden,
– evtl. sogar ganz bestimmte Redewendungen sind zu lernen, um die Sache abzurunden.

Wenn man sich auf Ausschnitte dieses Geschehens konzentriert (die Bretterbühne der Vaganten, die Schaubude eines Kirmesgauklers, das Treiben der Fakire und Zauberer auf einem orientalischen Bazar, das kleine, mobile Theater einer Schauspielertruppe, die Puppen-/Figurenbühne aus dem Koffer, etc.), sieht die Sache schon ganz anders aus, und der Rahmen der Veranstaltung kann überschaubarer gehalten werden.

Da findet sich evtl. ein Verkaufsstand, vielleicht sogar eine Schiffsschaukel, ein Kettenkarussel oder eine improvisierte Schießbude dazu, und schon ist das Spektakel komplett.

Für den darstellerisch/künstlerischen Bereich ergeben sich folgende, wiederum auf den Gaukeltechniken basierende Möglichkeiten:
– die gesungene und/oder gespielte Moritat
– die SeiltänzerInnen zwischen zwei Laternenpfählen
– Taschenspieler und Zocker mit ihren Karten- und Würfeltricks
– die Akrobatengruppe des Vereins »alte Herrlichkeit« mit Schnauzbart und Ringelhemd oder die unglaublichen VerrenkungskünstlerInnen
– musikalische und tänzerische Darbietungen der jeweiligen Zeit

– die Kuriositätenshow(s): die Frau ohne Unterleib; der/die dickste, dünnste, kleinste, größte Mann/Frau der Welt; das lebende Gruselkabinett des Dr. Abstruse; das rechnende Schwein mit den zwei Köpfen; sensationelle Tiermenschen …

– die Fahrradartisten mit schiefer Rampe, unfahrbaren Fahrrädern und dem Weltrekord Drei-auf-einem-Rad
– die schnellsten Jongleure der Welt
– die Tellerakrobaten und Diabolomädchen aus China
– die Fahnenschwinger und Stelzenläufer
– der Quacksalber und seine Diener
– die feuerfressende Diva, der Kettensprenger und der Fakir

4. Die Spielshow

Eine im Stil von »Wetten, daß…!« moderierte Veranstaltung, bei der bestimmte Unwahrscheinlichkeiten vorgestellt und dann zwecks Verifizierung präsentiert werden:

➤ einen Elefanten vor den Augen der Zuschauer verschwinden lassen (von der Größe und ob er echt ist, hat ja niemand gesprochen)

➤ akrobatischer Pyramidenbau auf Zeit (und Höhe)

➤ Jonglierspiele:
– Distanzpassen: das Zuwerfen von Keulen über eine möglichst weite Entfernung,
– Bälle- oder Keulenhalten: Wieviele Gegenstände kann ein einzelner festhalten?

- Numbers-Juggling auf Zeit: möglichst viele Gegenstände in der Luft halten
- Diabolo-Hochwurf
- Zieljonglieren: aus einer Kaskade heraus z.B. in einen Eimer treffen, oder einen Ring über einen Stab werfen

➤ Vorführung verschiedener, gespielter Witze, akrobatischer Figuren, o.ä… Die Bewertung der »Leistung« erfolgt z.B. über die Lautstärke des Applauses …

➤ Peitschenknall und Messerwurf

➤ freistehende Leiter

➤ Lasso und Seilspringen (z.B. im Liegestütz)

Die Interpretationen können dabei in Richtung »Höchstleistung« gehen (der Trick klappt tatsächlich …) oder Clownerie/Klamauk gehen: z.B. der 9-Ball-Jongleur hat jeweils drei Bälle zusammengenäht und jongliert diese Päckchen im normalen Dreier (Kaskade).Auch hier macht eine geschickte Mischung des Dargebotenen den Reiz für Akteure und Zuschauer aus. Einlagen im Schnellsprechen von Zungenbrechern, Präsentation von Wissen und life-Musik/Gesang lockern das Technikprogramm auf.

5. Musical/Revue

Thema und Ausgangspunkt dieses Vorschlags ist die Musik (Gesang und Tanz). Ausgehend von bekannten Musikstücken aus Vergangenheit und Gegenwart, werden Szenarien entworfen, d.h. mit Kostümen und Requisiten die entsprechenden Showteile des Originals karikiert, in grotesker Weise interpretiert oder mit den Mitteln und Fähigkeiten der jungen AkteurInnen nachgespielt. (Ansatzpunkte und -möglichkeiten für eine Bearbeitung bietet der Punkt 1.f Bewegungstheater in diesem Kapitel.) Die Techniken der Gaukelei haben hier einen mehr untermalenden Charakter oder führen ein Dasein als »Sideact« (Hutjonglage während der Ansage; Säbeltanz mit Swingingeinlage: zwei »Keulen« werden in verschiedenen Mustern um den

Körper herumgeschwungen; Teller drehende Tanzformationen; Akrobatik als Hintergrundbild für ein Chanson...). *Die darstellerische Aufarbeitung, die choreographische Gestaltung* (ernst oder komisch) der Bewegungen, Tänze und Lieder stehen hier mehr im Vordergrund und machen den Reiz dieses Bereichs aus.

Musikvorschläge
– »Can-Can«
– »Schneewalzer«
– »Einmarsch der Gladiatoren« und andere Circus-Musik
– »Radetzky-Marsch« (für Militär-Parodie)
– »Rossinie's Magpie« (Marec & Vacec) für Ballett-Parodie
– Cats (›Macavity‹; ›Growltigers last stand‹ für Krimi
   ›Gus, the theatre-cat‹
   ›Skimbelshanks, the railway-cat‹)
– WestSideStory (Original oder z.B. ›Sometimes‹ von Tom Waits)
– Nina Hagen (›TV-Glotzer‹; ›Zarah‹)
– Cabaret (›Willkommen‹, ›Money,money ...‹)
– StarlightExpress (incl. RollerScate-Demonstration)
– Moriccione (›Spiel mir das Lied vom Tod‹ oder andere Western-Klassiker)
– Lambada, Dirty Dancin' ...
– Tomita (›Sabre dance‹) oder Charlie Mariano (Jazz) für Orientalisches
– Syntheziser, New Age Musik (Spaciges für Zeitlupenbewegungen)
– Breakdance, Rap, Hip-Hop für Roboter

Bei Interesse kann hier auch sehr gut das Thema Travestie einbezogen werden, z.B. als Kostümshow zu Laufstegmusik. Auch gesangliche/stimmliche Playback-Parodien können eingebunden werden, wobei wir, wie schon gesagt, eher die Überzeichnung oder kabarettistische Groteske dem originalgetreuen Kopieren der Show-/Politik- und Star-Welt vorziehen.

6. Umzüge

Dieser Vorschlag ist angelehnt an die traditionellen Karnevals- und Fastnachtsumzüge (Baseler Fastnacht; Karneval in Venedig; Kölner, Mainzer, etc. Umzüge). Im wesentlichen handelt es sich um eine *bunte Kostümshow*, die Lust am Verkleiden, sich verwandeln mit Hilfe von Masken und Schminke, mal aus der eigenen Haut schlüpfen können, laut und ausgelassen sein oder auch still und poetisch, ohne Angst vor Ressentiments. Der Umzug kann dabei unter Themen gestellt werden wie z.B.:

➤ *Phantasiewelten – Traum und Fiktion:*
mit Feuer, Vampiren und Dämonen, mit Magiern und Hexen, unheimlicher Musik – schräg und laut – , mit Spinnentieren auf Stelzen und wirren Gestalten aus Hyronimus Boschs phantastischer Bilderwelt, scheppernde und quietschende Gefährte aus Schrott zusammengeschweißt…

➤ *ein politischer Protestumzug der gequälten Kreatur:*
mit gerupften Hähnchen, Delphinen im Treibnetz, hilflosen Robben, aus den Tierversuchslabors Entkommenen, gentechnisch geklonten Einheitsrobotern … und natürlich mit den Verursachern dieser Misere: brutale Gestalten à la Rambo etc., irre Mediziner und Wissenschaftler, geldgierige Profithaie, leutselige Minister und andere publicitysüchtige Figuren …

Auf dem Weg durch die Straßen kann der Zug zwischendurch anhalten, um Raum für *straßentheaterähnliche Shows* zu bieten. Techniken wie Stelzenlaufen, Fahnenschwingen oder Einradfahren sind für den dynamischen Teil interessant, für die Straßenauftritte (stationärer Teil) sind all die Gaukeltechniken nutzbar, wie sie auch beim Jahrmarkt Verwendung finden.
Im Circus-Lexikon taucht z.B. der Begriff *Charivari* auf, ein wildes, aber gezieltes Durcheinander artistischer Einlagen (als Beispiel: Sprünge über

das Mini-Tramp), das als temporeicher Auftakt zu einem Programm genutzt werden kann oder die Einleitung zur finalen Parade der Artisten darstellt.

Ein Umzug kann also sowohl als eigenständiges Spektatkel stehen, als auch zur Bekanntmachung oder Einleitung zu einem anschließenden Fest, einer Veranstaltung zum selben Thema dienen oder in sie eingebunden sein.

Gemeinsam gilt ...

Egal welche Präsentationsform gewählt wird, die Veranstalter müssen sich *vorher* über die Machbarkeit ihrer Ideen Gedanken machen. Gerade in der Arbeit mit Kindern müssen deren Vorstellungen bei der Gestaltung des Rahmens einbezogen werden. Ein ernsthaftes »Sich-Auseinandersetzen« mit dem Bereich ist daher vonnöten, um daß richtige Verhältnis zwischen überladener Technikshow und dilletantischer »mal-so-eben-zwischendurch« hingelegter Endvorführung zu finden.

Dabei sollte die Dekoration, der Bühnenaufbau, die Technik, die musikalische Untermalung, etc. so sein, daß möglichst viel von den Kindern selbst erstellt, bzw. geleistet werden kann, einige Eckdaten (z.B. Lichtgestaltung, Lifemusik ...) jedoch von den BetreuerInnen übernommen werden.

Dies vor allem aus zwei Gründen:
1. damit einige Kinder nicht während der Aufführung noch zwischen verschiedenen Handlungsorten und Rollen hin- und herwechseln müssen
2. damit der mögliche Rahmen für die Endveranstaltung auch dem (fernsehgeprägten) Anspruch der Kinder in bezug auf Professionalität genügen kann, und gleichzeitig, um eine hohe Wertschätzung und Ernsthaftigkeit für die kindliche Präsentation durch Aufbau, Dekoration, Ankündigung etc. sichtbar zu machen.

Letzteres bedeutet nicht, eine 3000,– DM teure Sound & Light-Anlage auszuleihen, sondern mit geschickt eingesetzten (meist vorhandenen) Möglichkeiten einen atmosphärisch dichten Bühnenraum für die DarstellerInnen zu schaffen. Hier bietet sich an, bereits von Beginn an Kontakte zu Verleihfirmen oder dem theaterpädagogischen Bereich des ortsansässigen Theaters o.ä. zu knüpfen.

Dabei sollte auch nicht aus den Augen verloren werden, daß eine gelungene Veranstaltung *werbewirksam* ist. Die Finanziers der Aktion (Jugendamt, Schule, Stadt oder Verband) werden evtl. überzeugt, daß ähnliche Projekte in Zukunft etwas besser finanziell unterstützt werden.

Ein weiterer Aspekt: Ist die Aufführung ein Erfolg, sollte man sich nicht entgehen lassen, auch noch *1 – 2 Folgeauftritte* bei Gemeindefesten etc. zu ergattern, was wiederum die künstlerisch-artistische Arbeit weiterführt und auch das Finanzsäckel etwas aufbessern helfen kann.

III. Am Anfang ist der Wunsch...

Theoretische Vorüberlegungen / Vorinformationen

1. Wie kommen die Kinder zum Circus?

Theorie in einem Praxis-Handbuch der Gaukelei? – Warum das? Wo wir doch eigentlich gegen eine methodisch-didaktische Grundlegung dieses vornehmlich außerschulischen Lernfeldes eintreten und immer wieder betonen, wie wertvoll z.B. die Unzensierbarkeit, die verschiedenen Lernwege, der Abstand zur »normalen« Lernwelt für die Kinder sind.

Doch gerade mit zunehmender Vereinnahmung der Gaukelei durch pädagogische Zusammenhänge, gerade durch die drohende Bewertung von Gaukelleistung, gerade wegen möglicher einseitiger Methoden scheint es wichtig, umfassende Informationen zu dieser Arbeit zusammenzutragen.

Neben den *Techniken*, die z.T. schon oft beschrieben sind [siehe Kapitel VII: Literatur], sind es vor allem die Art und Weise ihrer *Vermittlung* und die *Bedingungen* rund um die Gaukelei, die uns am Herzen liegen.

Wenn wir die Faszination der Kinder an der Gaukelei erläutern wollen, steht da an erster Stelle der Wunsch. Gemeint ist der Wunsch der Kinder nach ... ja, nach was?

Warum bedient die Gaukelei Kinderwünsche, warum ist der Reiz zum Gaukeln groß und ebenso die Energie, daran zu arbeiten? Das kann nicht nur an diffusen Vorbildern liegen. Wer kennt schon Rastelli!?

a) Motivationen

Für Kinder und Jugendliche gibt es unterschiedliche, ineinander übergreifende Motivationen und Bedürfnisse, die in der Gaukelei enthalten sind, bzw. zu ihr hinführen.

Es sind grundsätzliche, *altersunabhängige Bedürfnisse*, wie Bewegung und das Miteinander oder altersspezifische Beschäftigungen, wie Verkleiden, Basteln, Spielen, Entwickeln und Vorführen von Erarbeitetem, die in der Gaukelei bearbeitet werden.

Die Circuswelt (inzwischen, wohl auch durch die Medien, erweitert zur Show-Welt) und das »Besonders-Sein«, das mit der Beherrschung der unterschiedlichen Kunststücke einhergeht, wirken ebenso auf die Vorfreude und Bereitschaft zur Arbeit.

Vor allem in den Vorstellungen, die sich die Kinder selbst über Circus/Show oder Artist/Künstler-Sein machen, sind viele Wünsche nach Freiräumen enthalten, die mit der Selbstgestaltung von Welt, je nach Alter mehr oder weniger stark und bewußt, zu tun haben.

Diese Wünsche nach Selbstbestimmung und Standortbestimmung im sozialen Gefüge werden in der Lernwelt Gaukelei zur Zeit auf unkomplizierte, einfache Weise unterstützt:

1. weil die Lernwelt Gaukelei eben außerhalb der alltäglichen Lernzusammenhänge liegt. Selbst wenn sie im Lernumfeld Schule durchgeführt wird, hat sie immer noch eine Sonderstellung mit flexiblen Inhalten und ohne Zensuren inne;

2. weil der Leistungsgedanke nicht an erster Stelle der Beschäftigung mit Materialien und Techniken steht. Der Wunsch, den »Trick« zu beherrschen, steht höher als die Notwendigkeit, einem von außen vorgegebenem Standard zu genügen. Die Kinder können so im Zusammenspiel mit anderen die eigene Leistungsfähigkeit einordnen lernen, ohne daß daraus eine vorherbestimmte Konsequenz resultiert;

3. weil die Rollen in der Gaukelei (Clown, Zauberer, Akrobat …) so eingängig, leicht wiedererkennbar und mit deutlichen Kennzeichen belegt sind, daß auch bei jüngeren Kindern eine Rollenübernahme vorstellbar ist. Die Kinder können mit einfachen Mitteln (Nase, Zauberhut, Glitteranzug …) und Gesten (Stolpern, Zauberspruch, ‹Allez hopp!› …) den Bedingungen der Rollen nähergebracht werden;

4. weil der Erwerb von Gaukelfertigkeiten schnell dazu führen kann, in der Erwachsenenwelt mit dem Gelernten auf sich aufmerksam zu machen. Es besteht die Möglichkeit, den erworbenen Fertigkeiten durch die Vorführung und ihre Resonanz eine Wichtigkeit zu geben, wie sie das Wissen um z.B. die Bruchrechnung selten bekommt;

5. weil damit Phantasien nach Größe und Bedeutung genährt werden, ohne daß man sich für diese rechtfertigen muß.

Es gibt noch viele weitere Erklärungen für die z.T. große Eigenmotivation der Kinder, sich auf diese Arbeit einzulassen und sich in ihr auszuprobieren. Die hier aufgeführten zeigen aber schon, daß der Arbeitsprozeß durch sie beeinflußt wird, und daß die, die ihn anleiten, sich mit den Wünschen auseinandersetzen müssen.

Dabei sollte einerseits besonderes Augenmerk darauf gelenkt werden, den Wünschen und Bedürfnissen in der Arbeit nicht zu hohe Ansprüche überzustülpen, andererseits sind einmal formulierte Ansprüche auch einzuhalten.

2. Was bedeutet das für den Arbeitsprozeß?

Die Wünsche der Kinder sollten in der Arbeit nicht verschüttet werden, da sie aus ihnen viel Energie schöpfen können; sie wollen ernst genommen werden. Das bedeutet, den Prozeß des Lernens so zu gestalten, daß Freiräume bestehen und die Wünsche in ihm realisierbar bleiben. Dies geschieht auf drei Ebenen:

➤ *Die Wahl der Inhalte*
Durch Zusammentragen der Wünsche und Vorstellungen der Kinder, durch Informationen von außen unterstützt (Vorstellungen besuchen/ «echte» Künstler einladen und/oder interviewen/ Hintergrundinformationen über die »Gaukel/Circus/Show-Welt« zusammentragen),bleibt das eigenmotivierte Arbeiten an den Techniken spannend.
Weitgehend selbstbestimmte Zielsetzung der Arbeit (Was machen wir mit unseren Fertigkeiten? Wie soll das Programm am Ende aussehen?) erhält die Mitverantwortung der Artisten.

➤ *Die Art der Vermittlung/die Arbeitsweise/die Übungsweise*
In der Arbeitsstruktur, im Aufbau der Zusammentreffen, in der Definition der Gruppe sollten die genannten Wünsche wiedererkannt werden.
Je mehr die Leitung im Verlauf der Arbeit in der Gruppe verschwindet, je mehr sie Teil des Prozesses wird, um so näher bleiben die Kinder an ihren eigenen Vorstellungen, arbeiten an ihren eigenen Wünschen.

➤ *Werbung, Ausschreibung und Aufführung*
Die Komponente der Aufführung sollte nicht unterschätzt werden, da ohne ihre Berücksichtigung die Übungsarbeit verflacht und bald langweilig wird. Und das beginnt schon bei der Ausschreibung eines Workshops, einer AG, einer Circusgruppe oder eines Gauklertreffens. Neben ansprechendem Lay-Out, Nennung der Grundbedingungen und einer Zielsetzung der Arbeit sollte sogar die Lust der Leitung aus dem Plakat, dem Aushang, dem Handzettel, der Ankündigung herauszulesen sein. Kein Perfektionismus wird hier verlangt, nur ein wenig Liebe im Detail.

Da die Gruppe, bei zielgerichtetem Lernen, auf eine Aufführung hinarbeitet, ergeben sich durch das gemeinsame Interesse am Gelingen der Arbeit *Strukturen eines besonderen sozialen Modells*, das Möglichkeiten und Notwendigkeiten in sich trägt, die über den »normalen« Lernalltag der Kinder hinausweisen. Es entsteht in der Gruppe eine Eigendynamik, deren Fortschreiten viel mit dem Lernerfolg der Einzelnen, der Aufführungsqualität und mit dem Spaß an der Arbeit zu tun hat.
Um diesen Prozeß einzuleiten und zu unterstützen, ist es hilfreich, vielfältige Bezüge zu der Arbeit und ihren Ergebnissen herzustellen und außer-

dem Wege zu finden, die neben der zeitlichen und inhaltlichen Struktur den Verlauf der Arbeit durchschaubar machen.

a) Prozeß und Verwertungszusammenhang

Schon um den Kindern den Einstieg ins Thema zu erleichtern, hilft es, die Identifikation mit dem Projekt zu fördern. Das Engagement der Kinder für eine Sache ist um so größer, desto deutlicher ihnen der *Verwertungszusammenhang für ihr Tun* (kurzfristiger Bezug) und desto höher ihre *Identifikation mit dem Endprodukt* (Bezug zum Prozeß, Perspektive für ihr Tun) ist. Diffuse Anforderungen, auf ein nicht klares, nicht einsehbares, fernes Ziel gerichtet und wohlmöglich noch »pädagogisch« formuliert: »weil das so besser oder jetzt nicht geht«, »das können wir hinterher noch gebrauchen«, »das ist dann für die Aufführung« … lassen eine für alle Beteiligten zufriedenstel-lende Motivationslage gar nicht erst aufkommen. Das Interesse erlahmt, bevor überhaupt ein Anfang gemacht wurde.
Genau wie Erwachsene wollen Kinder den Sinn, einen einsichtigen Grund für ihren Energieaufwand, das *Warum* für ihren Trainingsfleiß erfahren:
– Warum soll ich jetzt diese oder jene Übung machen?
– Warum darf ich mich nicht an diese Stange hängen, wenn Peter sie festhält?

- Warum soll ich jetzt ein Bild malen?
- Warum darf ich jetzt nicht Einradfahren und soll statt dessen der Marion beim Bau einer Litfaßsäule helfen?

Einen hohen Stellenwert für den Gesamtprozeß besitzt die Abschlußaufführung. Ein Projekt, bei dem nicht klar ist, daß das Erlernte auch entsprechend präsentiert werden darf, wird unweigerlich an einem »lack of enthusiasm« eingehen. Eine Gefahr, die vor allem den »verschulten« Formen der Gaukelei immanent ist.

Tips

1. Wir konnten feststellen, das alles, was einen Namen hatte, eine relativ hohe Bedeutung bei den Kindern erlangen konnte. Was liegt also näher, als so früh wie möglich, u.U. schon beim ersten Treffen, den *Namen für das Projekt*, die Revue, den Circus, die »Show« zu suchen, worüber auch nach außen (z.B. den Eltern) berichtet werden kann.

2. Ein weiterer Schritt, um den Bezug zum Prozeß zu erhöhen, betrifft die *frühe Einordnung der eigenen Person in den Gesamtzusammenhang*: Welche Rolle spiele ich in der Show …, d.h. in welcher Nummer, Gruppe möchte ich gerne mitarbeiten? Eine individuelle Identifikationsmöglichkeit: »Ich spiele den Clown im Circus – ich mache bei unserer Revue die Ansagen – ich turne bei unserem Varietéprogramm in der Akrobatiktruppe …«

Anhand dieser Äußerungen können die Programmplaner bereits eine ungefähre Einschätzung vornehmen, wie der Probenplan zu gestalten ist und wie lange die Trainingsphase dauern wird. Den Kindern sollte hier auch mitgeteilt werden, daß sie jetzt nicht um jeden Preis den einmal geäußerten Rollenwunsch behalten müssen, und daß sich auch aufgrund organisatorischer Probleme noch Veränderungen bezüglich der Erfüllung ihrer Wunschnummern ergeben könnten. Derartige Vorkommnisse wären dann im Gaukelrat entsprechend zu besprechen.

Mögliche Nummernvorschläge, die die Mitwirkung aller ArtistInnen erfordert, sollten hier ebenfalls vorgestellt, variiert und – bei Annahme – eingebaut werden.

3. Wenn die ersten Erfahrungen in den Spielen, den Gesprächen (Namensgebung und Rollenfindung) und den Techniken gemacht sind [siehe Kapitel IV a und b], liegen die *Vorstellungen über die eigenen Möglichkeiten* im Projekt bei den Kindern nun direkt unter der Oberfläche. Jetzt müssen sie nur noch zum Ausdruck gebracht werden.

Die Äußerungen mit anderen Medien ist oftmals wesentlich vielfältiger als der verbale Austausch über ein Thema. Eine oft genutzte Praxis ist es, die Kinder zum Aufmalen ihrer Vorstellungen anzuregen. Je nach Alter gelingt dieses mehr oder weniger gut. Um die Motivation für die Malaktion nun zu erhöhen, haben wir nach einer sinnvollen Verwertung der entstandenen Bilder gesucht, nach einer Begründung für die Aktion: Um für das Ereignis des Auftritts entsprechend werben zu können, sind eine Vielzahl von Plakaten notwendig. Entsprechend vorbereitete *DIN A2 Plakate* (120 g Karton; aus 2 x DIN A3 zusammengeklebt; bei Druckereien besorgte Makulatur) sind als Mal-/Zeichenvorlagen bereitgelegt und können später, um Datum/Ort der Aufführung ergänzt, von den Kindern an publikumswirksamen Stellen (Bäcker, Supermarkt, Eisdiele …) als ihre eigenen Plakate sehr werbewirksam ausgehängt werden. Überzählige Bilder können für die Dekoration des Aufführungsraumes oder in einer Art Galerie benutzt werden.

b) Regeln und Rituale

Konzentration (Arbeit an den Fähigkeiten) und *Spaß* (Lust und Neugier für den Prozeß/das Projekt) stehen in einem regen Austausch miteinander. Die Kinder und Jugendlichen haben bestimmte Vorstellungen von ihrer Show/ ihrer Nummer, und sie sollten in diesen Vorstellungen ernst genommen werden. Das Training muß hierfür *keinen Perfektionismus* predigen, aber das notwendige Engagement für die bevorstehende Aufführung einfordern und fördern. Schließlich hat man sich ja (freiwillig) getroffen, um diese Vorstellungen für sich allein oder mit anderen umzusetzen.

Das Training so aufzubauen, daß der Spaß an der Sache immer die Oberhand über die Arbeit behält *und* eine entspannte, konzentrative Atmosphäre vorherrscht, ist somit die Hauptaufgabe der Leitung. Das Anleitungsteam soll mit seinem Vorwissen diesen Prozeß in Gang bringen, in Gang halten und zu einem überwiegend akzeptierten Abschluß führen, fehlende Erfahrungen ergänzen und allen nach ihren Fähigkeiten die Verwirklichung ihrer Ideen im Gesamt(End-)produkt ermöglichen.

Um dieser Aufgabe gerecht zu werden, sind einige Strukturen/Eckdaten hilfreiche Voraussetzung, die als »*Regeln*« in den Prozeß einfließen. Damit sie nicht willkürlich im Raum stehen, sollten sie in ihrer Bedeutung vermittelt werden, um das sonst unvermeidliche »warum-denn-so'n-Quatsch« zu verhindern, und im Zusammenhang mit den Interessen der TeilnehmerInnen am Produkt stehen. Das Benutzen von »*Ritualen*«, d.h. immer wiederkehrende Handlungen, hat sich hierfür als praktikabel herausgestellt. Sie dienen im Kern dem Informationsaustausch untereinander: Stand der Dinge, Probleme, Zusammenhalt und Gruppenfindung/-erhalt (»Wir sind eine ›Show‹-Truppe, ein Circus, eine …«) und sollten von Beginn an akzeptierter Bestandteil des Trainings sein.

1. Der *Gauklerrat*: Zu jeder Trainingseinheit trifft sich die gesamte Truppe an einem bestimmten Ort, um Positives wie Negatives auszutauschen. Hier haben die kleinen Nöte und Probleme mit einzelnen (von »Karl bringt mich auf dem Seil immer zum Lachen …« bis zu »Marion gibt mir nie das Einrad zum Proben«) sowie die großen Ankündigungen ihren Platz.

Jeder Vorschlag hat seine Berechtigung gehört zu werden; jede(r) kommt dran, so daß schulisches Verhalten mit Melden und Fingerschnippen bald überflüssig wird. Allen soll die Möglichkeit zur Mitbestimmung und -gestaltung gegeben werden, wobei das Zuhören bei anderen Interessen genauso wichtig ist, wie das Äußern der eigenen Wünsche.

2. Ein *gemeinsames Artistentraining* am Anfang des Tages oder nach einer längeren Pause, also vor jedem neuen Trainingsabschnitt, fördert das Gemeinsamkeitsgefühl und damit den gegenseitigen Respekt auch in den Kleingruppen. Hier reicht manchmal auch nur ein einfaches Fangspiel oder ein Teil des Warming up, der besonders gut angekommen ist: Recken und Strecken wie nach dem Aufstehen; die Begrüßungsformen der verschiedenen Artisten … [s. Circus-Spiel-Aktion in Kapitel IV 1 – 2]. Das Proben des gemeinsamen Circus-Liedes, einer gemeinsamen Nummer (wie z.B. ein Einzug in die Manege) sind hier auch geeignet.

3. *Der Vorhang, die Bühne, der Applaus,* sind unverzichtbare Bestandteile einer jeden Show. Doch an den Umgang mit ihnen muß sich gewöhnt werden. Der Schritt durch den Vorhang ins Rampenlicht läßt den Puls höher schlagen, das Handeln auf so exponierter Stelle wie der Bühne macht u.U. angst, und das Lob der Zuschauer durch Applaus ist ungewohnt. Damit die Probleme kleiner werden, die Bewegungen unver-

krampfter, müssen die ArtistInnen langsam an die Situation herangeführt werden: Show-Übungen [siehe Kapitel IV: Exkurs 1] und Interne Präsentation (ab einem bestimmten Trainingsstand werden die Ergebnisse/Teilergebnisse des Trainings den anderen Artisten gezeigt) sollen dabei helfen.

4. Es gibt *Tabuzonen*, wo zu bestimmten Zeiten nur bestimmte Leute hindürfen wie das Materiallager, der Ruheraum, der Bühnenraum, Raum der Zauberer …

5. *(Eigen-) Verantwortlichkeit für Geräte* … Auch auf die Gefahr hin, daß mal was vergessen/verlegt wird, ist es sinnvoll, den Umgang mit den Requisiten in die Hand der Kinder zu legen. Auch in der »richtigen Show-Welt« ist der Künstler für die eigenen Requisiten verantwortlich. Er/Sie bereitet den Zaubertrick selbst vor oder überwacht den richtigen Aufbau der Geräte für die Seilnummer usw… Als zusätzlicher Nebeneffekt ergibt sich, daß sich die Anleitung nicht auch noch darum kümmern muß, daß zur Probe/Aufführung alles da ist.

6. *Zeichen und Signale* (Hupe, Klingel, laute Musikinstrumente, z.B. Snaredrum, Trompete, Sax, Becken).
Eindeutig zuzuordnende Signale erleichtern das Zusammenrufen der Gruppe und können helfen, den Tagesablauf zu strukturieren.

7. *Regeln sind diskutierbar.*

Da obige Vorschläge den Prozeß fördern sollen, die Regeln also helfen und nicht reglementieren sollen, müssen sie dem jeweiligen Geschehen angepaßt werden und sind demnach als solche veränderbar. Jede(r) sollte die Möglichkeit haben, Probleme mit den Regeln anzusprechen.

3. Was bedeutet das für die Leitung?

Solang es keine feststehende Methodik, keine ausgewiesenen Leistungsanforderungen und ebenso keinen Lehrplan für die Gaukelei gibt (was gut und richtig ist), wird bei den Anbietern, den Trainern und Leitern immer ein *großes Eigeninteresse* an der Materie vorliegen, wird der Spaß an der Sache für diese Arbeit im Vordergrund stehen. Da geht es der Leitung nicht anders als den Kindern.

In die Arbeit stürzt sich so wohl hauptsächlich jemand, der Spaß an der Gaukelei oder an einem ihrer Spezialgebiete hat und sich darin ausprobieren oder einfach mehr darüber erfahren will. Zumindest wäre das äußerst sinnvoll.

Denn *die Gaukelei ist kein Selbstläufer*, der sowieso zum Ziel führt; wie jedes andere sportliche, wissenschaftliche oder gesellschaftliche Betätigungsfeld benötigt sie Arbeit und Interesse, um erobert zu werden. Fungiert die Leitung als Partner und Beistand, der die Kinderwünsche als Ausgangspunkt für die Arbeit akzeptiert, dann wird die Arbeit wesentlich leichter und das Interesse wesentlich tiefer gehen als bei irgendeiner Dressurleistung.

Der Universalleiter

Wir sprechen die ganze Zeit über von der Leitung, wohl wissend, daß viele Projekte oftmals von einer einzelnen Person ins Leben gerufen und oft unter hohem persönlichen Einsatz weitergeführt werden:

»A common factor I have discovered in many children's circuses around the world is the presence of one charismatic figure who loves circus and children in eaqual measure« [Reg Bolton, p.33].

Ohne die Leistungen der »EinzeltrainerInnen« schmälern zu wollen, halten wir die *Teamarbeit* in diesem Metier für effektvoller:
– Es bricht nicht alles zusammen, wenn die »charismatic figure« die Manege verläßt.
– Viele unterschiedliche Interessen, Fähigkeiten und Schwerpunkte können betreut werden: die Zusammenarbeit unterschiedlicher Bereiche, z.B. in einer Schule die Fächer Musik, Deutsch, Sport, Kunst … hält viele Entwicklungsmöglichkeiten bereit.
– In der zeitlichen Gestaltung der einzelnen Arbeitsbereiche ist eine größere Flexibilität möglich.
– In Vor- und Nachbereitung können sich die Beteiligten helfen und ergänzen. Dieser Austausch ist auch eine wesentliche Voraussetzung dafür, den Prozeß in seiner Entwicklung offen zu halten.

4. Stichworte zur Orientierung

a) Altersdifferenzierung

➤ *Gruppenzusammenstellung*
– Kennen sich die Kinder nicht untereinander, sollten die Altersunterschiede nicht allzu groß sein (z.B. 5 – 9 / 8 – 13 /12 – 17).
– Gibt es eine Vorgeschichte der Gruppe (z.B. ein Verein, ein gemeinsamer Urlaub o.ä.) ist je nach Homogenität der Gruppe jegliche Zusammenstellung möglich, jedoch in der Arbeit zu berücksichtigen (z.B. Kleingruppenarbeit, konkrete Aufgaben zur Zusammenarbeit).

➤ *»Je jünger desto Spiel«* (ca. 5 – 9 Jahre)
– Eine Einbindung der Arbeitsbereiche in Spielgeschichten zur zusätzlichen Motivation ist sinnvoll (in Aufwärmung, Übungen und Nummern).
– Der Wunsch, Rollen zu übernehmen, ist groß (z.B. Tiere spielen; sich Namen geben: die größte Zauberin aller Zeiten, wir sind die fliegenden Spaghetti, der Kraftprotz Muskelstrotz …), aber die Rollendistanz ist in diesem Alter noch nicht ausgebildet, die Kinder spielen vornehmlich sich selbst; klare Handlungsvorgaben können spielerische Probleme auffangen helfen.
– Schwierige Bewegungsabläufe und komplexe Dramaturgie sind nur bedingt möglich [siehe Anmerkungen zu Feuer, Clown, Jonglage, Zaubern im Kapitel V].

➤ *»Je älter desto Technik«* (ca. 8 – … Jahre)
– Inhalte können hier schon thematisiert werden (z.B. Funktion von Erwär-

mung, Wirkung von Nummern/Handlungen …); Zwischenschritte zur Nummer/Technik werden möglich.

– Rollen können gespielt werden, sollten aber nicht zu »kindlich« angelegt sein. In Verbindung mit zusätzlichen Spannungselementen (z.B. Gauner, Brandspezialist, Seiltanz Ballerina) können sogar ganze Spielszenen erarbeitet werden.

– Kindern über ca. 14 Jahre (Jugendliche) gelingt der Einstieg ins Spiel besser über Vermittlung der puren Gaukel-Techniken. Hier kann u.U. ganz auf Rollen verzichtet werden.

– Komplexe Bewegungen und Dramaturgie werden für die Jugendlichen mit steigendem Alter immer nachvollziehbarer.

➤ *Mut zum Experiment*

– Jede Gruppe ist immer wieder für eine Überraschung gut. So sind die meisten der genannten Techniken und Übungen im Trainingskapitel keinem konkreten Alter zugeordnet, da die Gestaltung und die Intensität der Arbeit mit ihnen durch die neuen Konstellationen viele Vorurteile bei den Kindern und Jugendlichen wettmachen können (z.B.ein vierzehnjähriger Dompteur kann  durchaus eine Gruppe von fünfjährigen Panthern betreuen oder ihnen als Stallmeister Hilfestellung geben. Oder eine fünfjährige Pfiffige schafft es, mit drei ausgewachsenen Muskelmännern zu jonglieren, indem sie sie in der richtigen Reihenfolge hin und her führt)

b) LeiterInnenaufgaben

➤ *Die Leitung sollte Freude, Erfahrungen, Fertigkeiten und Wissen mitbringen, die es ihnen ermöglichen,*

– flexibel auf Alter, Verhalten und Fähigkeiten der ihnen anvertrauten Gruppe eingehen zu können (z.B. es muß nicht immer Circus sein),

– die Spiel- und Aufwärmphasen so zu gestalten, daß über den Spaß hinaus auch technische Vorbereitungen in ihnen enthalten sind (z.B. Spielgeschichten),
– den Nummernaufbau so mitgestalten zu können, daß alle TeilnehmerInnen ihren Fähigkeiten entsprechend einen Platz bekommen (z.B. daß die Nummern ohne ausgesprochene »High-acts« und »Außenseiter-acts« auskommen),
– die Entwicklungsmöglichkeiten der TeilnehmerInnen am jeweiligen »Gerät« einzuschätzen (z.B. Über- oder Unterforderungen meiden),
– die Gerätschaften und Techniken so flexibel zu beurteilen, daß Veränderungen im Sinne der Ausführenden möglich sind (z.B. »artfremde« Techniken wie Rollschuhlaufen zulassen und Kombinationen, wie z.B. einen Tiger auf dem Seil einplanen),
– das Verhältnis zwischen notwendigem Trainingsaufwand und der Motivation des Artisten zur jeweiligen Nummer richtig zu deuten,
– die Vorschläge der Kinder dahingehend beurteilen zu können, inwieweit sie mit einem vertretbaren Materialaufwand zu realisieren sind,
– den Wert der Arbeit und der Aufführung sicherzustellen (Werbung ...),
– als Team in der Lage zu sein, vorformulierte Abläufe zu ändern und die Veränderungen gemeinsam zu tragen,
– als Team in der zu Lage sein, gegenseitige Hilfestellungen zu akzeptieren und zu geben (ggf. Gruppen tauschen).

c) Methodik

➤ *Einige Prinzipien bei der Arbeit mit Kindern und Jugendlichen:*
– Reize überlegen, Probleme stellen (z.B. Mutsprung, Rollentür, Jonglieren mit Gymnastikbällen, Höhe erleben auf Schulterstand, Hindernisse überwinden ...)
– Überraschen [z.B. »Wagemut« zeigen, indem z.B. verschiedene Clownstechniken (Ohrfeige, Lauf gegen die Wand) vorgeführt und erklärt werden]
– Grundbedürfnisse (Essen, Schlafen, Spielen, Schmusen ...) in den Abläufen berücksichtigen bzw. direkt einbauen

➤ *Zur Methode*
– schnelle Erfolge sichern (z.B. Reize und Probleme klein halten)
– notwendige Regeln frühzeitig einführen und auf ihren Sinn aufmerksam machen (z.B. Hilfestellung, Konzentration, Jonglierball ist nicht gleich Fußball ...)
– Rituale schaffen
(z.B. bestimmte Kleidung, regelmäßige Zusammentreffen zum Bespre-

chen anliegender Probleme, Aufführung von Erarbeitetem am Schluß der Übungsstunde)
– Motivation nutzen (z.B. vormachen lassen, was schon gekonnt wird, und mitgebrachte Fertigkeiten in die Planung einbauen)
– animieren, ernst nehmen, zurücknehmen (z.B. beim Nummernaufbau als gleichberechtigter Partner fungieren, auch unklar formulierte Kinderinteressen sind ein Teil der Grundlage der Arbeit, die durch entsprechende Einbindung entwickelt werden können).

➤ *Zur Aufführung*
– früh Ergebnisse sammeln (eigene Problemlösungen festhalten, aneinanderreihen und Ergebnisse choreographieren)
– Präsenz auf der Bühne erproben (Unterscheidung zur Selbstdarstellung herausarbeiten)
– Teilnahme an Nummern nach Fertigkeit und Bedürfnis auspendeln
– die Tendenz – vor allem bei jüngeren – eine Nummer/Geschichte glatt durchzuspielen (»ruck–zuck–fertig«) berücksichtigen, ggf. Hindernisse ins Spielgeschehen einbauen
– gemeinsam Zusammenhänge schaffen:
Technikaufbau
Ansagen überlegen
Namen der Artisten/Nummern
Circus/Varieté-Name
Werbung

IV. Das Training der Artisten

1. Spielerischer Einstieg – Kennenlernphase

Egal, ob eine Gruppe gerade mit der Arbeit beginnt, ob die Stunde/AG/der Workshop/der Lehrgang/der Übungstermin nur ein Schnupperangebot sein sollen oder aber ob die letzte Probe vor der Premiere auf dem Plan steht – »*warm sein*« – ist die Voraussetzung für jede/n (angehende/n) ArtistIn.

Nicht nur der Körper braucht diese Vorbereitung, genauso wichtig ist das Miteinander-warm-werden sowie die Einstimmung in Atmosphäre und Form der Arbeit. Der Animation durch den/die AnleiterIn, dem Material und den Räumlichkeiten kommen in diesem Prozeß besondere Funktionen zu. Mit der traditionellen Vorstellung von Training hat das nicht viel zu tun, doch werden hier die Grundlagen für eine später erfolgreiche Zusammenarbeit gelegt.

Zunächst aber das *1. Treffen einer sich fremden Gruppe.* Bei einer Gruppe, die sich besser kennt (z.B. Schulklasse), kann dieser Verlauf verkürzt werden und gilt vor allem zur Klärung organisatorischer Fragen und der Erwärmung des Körpers. Aber auch hier kann durch ungewohnte Inhalte ein anderes Kennenlernen erreicht werden.

Wenn also das Trainingsteam und die ArtistInnen sich zum ersten Mal treffen, gilt für beide Seiten vor allem die Frage zu beantworten: »Was werden *die* nur mit uns machen?!« Das heißt:
➤ *Unsicherheiten sind abzubauen:*
   Muß jeder alles machen? Wieviel muß ich Theater spielen? Wie ist das mit der Gruppenaufteilung? Bin ich als AnfängerIn auch erwünscht?…
➤ *Informationen sind zu geben:*
   Gibt es eine Aufführung, wann und wo? Wie groß wird der Rahmen sein? Darf ich meine Idee mit der Hundedressur, meine Vorstellungen von Show einbringen? Wann gibt es was zu Essen?
➤ *Kontakte* der Kinder untereinander sind zu ermöglichen
➤ *Organisatorisches* zum Ablauf ist zu erklären
➤ *sich vorstellen* ist angesagt (die Teamer, der Hausmeister, die Küche usw. usw, halt alle irgendwie Beteiligten …)

In der Arbeit mit Kindern, Jugendlichen und auch Erwachsenen genügt in all diesen Anfangssituationen die bloße Übungsanweisung nicht. Je mehr die Leitung selbst in die Arbeit einsteigt, beim Mitmachen Spaß gehabt und diesen gezeigt hat und sich nicht vor ungewöhnlichen Bewegungen ge-

scheut hat, desto größer ist der Wille / die Lust auch bei den Kindern mitzu-machen.
Also: selbst einsteigen, Farbe bekennen!

Dabei ist es wichtig, daß im Team untereinander Klarheit in den Abläufen und in der Kommunikation – vor allem für den Anfang eines Prozesses – be-steht. Organisatorisches Chaos erzeugt Unsicherheit und kann jede noch so gut gemeinte Idee zunichte machen.

Frei nach dem Grundsatz »Je jünger desto Spiel« hat es sich als hilfreich herausgestellt, den unterschiedlichen Ängsten der Kinder im Anfangsstadium (Fremdheit, Leistungsangst, Berührungsängste, Angst, nicht akzeptiert zu werden …) mit einer lockeren *Einführung in Form einer Spielaktion* zu begegnen. D.h., die Kinder werden von Anfang an am Geschehen beteiligt. Alle Erklärungen, die Vorstellung der TeamerInnen, die neuen Räume, etc. werden in einen Spielrahmen eingebracht und die neue Situation mit Bewegung, Spaß und »Äktschen« verdaulicher gemacht.

Der *zeitliche Rahmen* einer derartigen Aktion liegt – je nach Größe der Gruppe – zwischen $^3/_4$ und $1^1/_2$ Std.; ruhige und bewegte Spiele, mit und ohne Material halten sich dabei die Waage [z.B. Seilspringen als Gruppe, unterm geschwungenen Seil durchlaufen (erst zu zweit, dann zu vier Personen … bis zum Schluß alle drunterherlaufen), Spiele/Tänze mit Luftballons, Hut-Fangen, etc.].

Es werden auch Vorübungen aus den einzelnen Gaukeltechniken mitbenutzt, um von Anfang an

➤ das Verhältnis von Konzentration und Spaß deutlich werden zu lassen,

➤ das Vertrauen der Kinder zueinander zu fördern, z.B. »blind« führen, 3 Personen/8 Personen pendeln eine »steife Puppe«, Transportband und Mutsprung aus den new games, Maske/ Grimassen weiterreichen, etc.

➤ selbst als TrainerIn schon erste Einschätzungen bezüglich der Aufnahme- und Konzentrations-Fähigkeit, der motorischen Fitness/Vorerfahrung der Kids vornehmen zu können,

➤ als Beispiele, Übungen zum Einschätzen motorischer Fähigkeiten (vgl. Cartoons):

– bei den *Stäbetüren* – mit und ohne Rolle – (2 Stäbe werden in einem angemessenen, gleichen Rhythmus von 2 Personen gegeneinander auf/zu versetzt; in der »auf«-Phase muß eine Person durchlaufen oder mit Rolle durchspringen, bevor sich das Tor wieder geschlossen hat)

– bei dem *»Sprung ins Ungewisse«* (Flugrolle über eine vor einer Weichbodenmatte senkrecht herunterhängenden von 2 Personen gehaltenen Decke)

– beim *Kamelreiten* im Vierfüßestand, etc.

Sprung ins Ungewissen

Stäbe-Wachen

Kamelreiten

44

Wenn die Gruppe schon länger zusammenarbeitet, kann der »Spiel«-Anteil zugunsten der speziellen, thematischen Aufwärmung reduziert werden, wobei Teile der Spielaktion ohne weiteres z.B. beim Aufwärmen für die Akrobatik oder als Mimetechnik im Clownsspiel wieder auftauchen können.

Wie eine solche Spielaktion aussehen kann, ist hier als Beispiel angeführt.

Die Spielleitung spielt eine imaginäre TrainerIn, die einige nicht so ernst gemeinte »Tests« mit den neuen »Probanden« durchführen will:

CIRCUS – SPIEL – AKTION

Der Vertrag

Hallo! – Guten Morgen! Mein Name ist … (Julia/Jochen, aber auch Enrico Pastelli/ Francesca di Mano) … Ich habe gehört, ihr wollt einen Circus aufmachen und richtige Artisten werden. Nun gut! Ich stehe hier in Vertretung von unserem Direktor, um mit euch gemeinsam die *Vertragsbedingungen durchzugehen*, unter denen ihr berechtigt seid, hier in diesem Circusrund aufzutreten. Denn Circus kann ja nicht so einfach jede(r) machen.

Zu diesem Zweck möchten wir euch zu einer Reihe von Aktivitäten einladen, während derer wir versuchen werden, euch alle nur erdenklichen Situationen des gefahrvollen Circuslebens vor Augen zu führen; mehr noch, sie euch am eigenen Leibe spüren zu lassen. Achtet genau auf die Anweisungen, vielleicht können sie euch ja helfen, die Situationen zu meistern.

1. Fitness
Als wesentliches Kriterium für Artisten ist die körperliche Fitness zu prüfen. Zu diesem Zeitpunkt heißt das noch nicht, daß ihr sportliche Höchstleistungen erbringen müßt, sondern daß ihr euch im Rahmen eurer Möglichkeiten am Training beteiligt und Spaß dabei habt.

Zu diesem Zweck lade ich euch ein, kurz einen Blick in das morgendliche Aufwärmtraining der Artisten zu werfen:

➤ *recken und strecken* in alle Richtungen, als ob ihr gerade aus dem Bett aufsteht, die Beine nicht vergessen, versucht so weit wie möglich den Bereich um euch herum zu ergreifen …

➤ der **Guru-Stand**: stehen auf einem Bein, das andere am Knie »abstellen«; kontrollierte, langsame und schnelle Wechsel von rechts auf links und zurück; wer's sich zutraut, mit geschlossenen Augen stehen …

➤ ein bißchen Joggen auf der Stelle, Knie anziehen … und dann los, kreuz und quer durch den Raum: **Atom- und Moleküle-Spiel** mit Tempowechseln (mit einem Tambourin o.ä. wird das Tempo angegeben, wobei wirres Trommeln »durch den Raum flitzen« heißt und langsame, einzelne Schläge Zeitlupengehen bedeuten):

- vor-/rück-/seitwärts laufen
- blind laufen
- **Raumgleiter:** 5 Personen kommen zusammen, eine Person legt sich auf den Bauch, 2 Personen fassen dicht am Körper rechts und links die Arme/Schultern und 2 Personen umfassen jede ein Bein am Oberschenkel … dann gleichzeitig anheben, und der Raumgleiter ist fertig, und kann kreuz und quer durch den Raum fliegen; Landen und dann Wechseln nicht vergessen!
- so laut wie möglich – so leise wie möglich …
- eine Person führt, die andere folgt und versucht, alle Bewegungen der vorderen exakt nachzumachen (2 Personen spielen zusammen; Zeitlupe als Einstiegsgeschwindigkeit; auf Exaktheit achten)
- Bauch an Bauch springen
- mit Po an Po sich begrüßen

➤ und **Stop & Go** – ein Anweisungsruf zwischendurch, bei dem alle sofort in der Position wie angewurzelt stehen bleiben müssen, in der sie sich gerade befinden, bei »Go« geht's dann weiter; entweder einfach weiter durch den Raum laufen oder die in der Pause genannten Anweisungen ausführen: z.B. »zu 5 Personen zusammengehen« (für das Raumgleiterspiel)

Seid ihr außer Atem? … Schwitz schon jemand? … Fühlt ihr euch warm? … Das ist gut, Artisten wärmen sich immer auf, bevor sie in die Manege oder zum Training gehen. Es gibt Jongleure, die werfen sich bis zu zwei Stunden lang warm, bevor sie ihre Nummer machen. Auch die AkrobatInnen brauchen sowas … Woll'n mal sehen … ach ja, hier ein kleiner Akrobatentest.

➤ Zuerst der *Akrobatengruß*. Immer wenn sich zwei AkrobatInnen treffen, haben sie einen speziellen Gruß mit dem sie aufeinander zugehen:
Sich in die Augen sehen, in die Hocke springen, laut »Ho!!« rufen, dann springen sie senkrecht in die Luft und klatschen dann die Hände gegeneinander, erst die rechten, dann die linken und dann beide … Habt ihr's verstanden, dann los, lauft umher und probiert den Gruß mal aus.

Beim speziellen *Krafttraining* der Akrobaten arbeiten die ArtistInnen selten allein. Meistens trainieren sie in der Gruppe oder mit einem Partner/einer Partnerin:

➤ *Schattenboxen:* Ausführen von heftigen Boxbewegungen in die Luft … nach vorne, nach hinten, nach oben, zu den Seiten … schnelle Wechsel der Anweisungen

➤ *Gefahr von hinten:* siehe Kapitel IV Exkurs 1 »Gaukel-Spiel«

➤ *Standhalten:* Man stellt sich mit gespreizten Beinen relativ dicht voreinander; die Hände werden hoch gehalten, mit den Handflächen gegeneinander. Nun versuchen sich die Partner zu den unmöglichsten Verrenkungen zu bewegen, ohne die Füße vom Fleck zu bewegen.

Wichtige Anmerkung: »Es sind alle Hinterhältigkeiten erlaubt, nur darf der Partner nicht mit Hintern oder Händen den Boden berühren«…

2. Zaubern

Doch nun weiter im Programm. Ich möchte euch in die Geheimnisse des Menschenzauberns einführen, eine Spezialität unseres Circus. Wenn ihr dahinterkommt, wie es funktioniert, habt ihr eine weitere Hürde des Vertrages übersprungen.

Ich nehme diesen (Zauber)Stab, spreche einen beliebigen Zauber-spruch (z.B. Ibra-Libra-Bumm …) und dann sage ich, in was ich euch verwandelt habe (z.B. die Elefanten gehen um). Um wenn dann eine Musik ertönt, geht ihr umher, wie die Elefanten. Während ihr geht, gebe ich den Stab weiter und die neue Magierin ruft dann »Stop!« und … Na?!? – Ja, ihr bleibt wie angewurzelt stehen und hört eure neue Verwandlung … die Musik erklingt und ihr bewegt euch ent-sprechend.

Mögliche Verwandlungen sind: Bleistifte, Charly Chaplin, Otto, Schlangen, Frösche, Pferde, Raubtiere, Gummimenschen, Roboter.

3. Umgang mit Tieren

Im Circus kommt es von Zeit zu Zeit vor, daß sich die Tiere in ihren Käfigen nicht mehr wohlfühlen und rausklettern. Dann ist jeder und jede gefordert, die Tiere wieder einzufangen, da sie ja mit der Welt draußen bestimmt nicht klarkommen und nur Unsinn anstellen. Wel-che Möglichkeiten da bereits erprobt sind, möchte ich mit euch an einem Beispiel demonstrieren und eure Tauglichkeit als TierfängerIn-nen testen, denn: »Spiel erkannt, Gefahr gebannt!«

➤ *Paarfangen:* Alle SpielerInnen stehen zu zweit (Paaren) im Raum verteilt. Sie stellen Büsche, Höhlen oder andere Verstecke dar, wo sich die Tiere versteckt halten können. Ein Paar teilt sich in eine Fängerin und ein zu fangendes Tier. Wenn das Tier Lust hat oder in Bedräng-nis gerät, kann es an einer Seite der herumstehenden Paare (Ver-stecke) Unterschlupf finden (sich an der Hand anschließen). Auf der anderen Seite des Paares ist jetzt eine Person zuviel; sie rennt als neues Tier aus dem Versteck. Wird ein Tier gefangen, ändern sich in dem Moment einfach nur die Rollen, und das Spiel kann weiterlaufen .

➤ Eine *Variation* dieses Fangspieles ist, daß beim Anschließen an ein Paar nicht nur ein neues Tier frei wird, sondern sich der Status der beiden SpielerInnen ändert, d.h. der/die ehemalige FängerIn wird zum zu fangenden Tier, das zu fangende Tier zum neuen Fänger.

4. Kooperation

Ein wesentliches Prinzip im Circus ist, daß sich die Akteure nach Möglichkeit untereinander helfen und zusammenarbeiten, wo sie können. Inwieweit ihr darin schon geübt seid, soll mit den folgenden Übungen herausgefunden werden.

➤ *Aufstand:* Die Paare, die gerade zusammenstehen, stellen sich mit dem Rücken gegeneinander. Nun versucht einmal, euch auf den Boden zu setzen, ohne eure Hände zu benutzen und ohne daß ihr auf den Po kracht… Versucht nun wieder aufzustehen. Und zum Schluß, laßt euch nur so weit herunter, bis ihr so steht, als ob ihr auf einem Stuhl sitzt (Po und Schultern berühren sich). Nun versucht einmal, ohne Absprachen zu gehen: vorwärts, seitwärts, usw.
Eine Erweiterung wäre es, diesen Aufstand zu 4 Personen, zu 8 Personen usw. zu versuchen, bis alle gemeinsam sich setzen und wieder aufstehen.

Jetzt haben wir uns eine Pause verdient.
➤ *Sitzkreis:* Wir bilden einen engen, aber wirklich runden Kreis, bei dem unsere linke Seite nach innen zeigt und wir unseren Vorderleuten in den Nacken sehen. Nun können wir uns laaaangsam auf die Knie unserer Hinterleute setzen … und Brotzeit machen.

Manchmal – vor allem wenn an heißen Tagen aufgebaut wird – ist die Arbeit im Zirkus derart hart, daß einige plötzlich und unerwartet einfach schlappmachen. Ist dann gerade ein anderer in der Nähe, greift der natürlich sofort zu, damit dem Erschöpften nichts passiert. Damit ihr wißt, was in so einem Fall zu tun ist, hier eine kleine Vorübung.
➤ *Rette mich wer kann:* Wählt euch eine Zahl, eine Eins, eine Zwei oder eine Drei und behaltet sie für euch. Wenn ihr eure Zahl von mir hört, tut ihr so, als ob ihr völlig erschöpft seid und langsam ohnmächtig zu Boden sinkt. Damit die anderen auf euch aufmerksam werden, stöhnt ihr dabei laut und heftig. Die anderen versuchen nun, euch,

bevor ihr auf dem Boden liegt, aufzufangen. Ist das gelungen, ist der Anfall vorbei, und ihr geht wieder umher, als ob nichts geschehen wäre, bis eine andere Zahl zu hören ist …

5. Komik

Einige von euch haben bestimmt schon davon gehört, wie gut Clowns trainieren müssen, um ihre Kunststücke dem Publikum präsentieren zu können. Aber vor allem arbeiten Clowns mit den anderen Artisten im Circus intensiv zusammen. Sie lernen voneinander und zeigen sich den ein oder anderen neuen Trick oder eine neue Grimasse. Und genau damit wollen auch wir beginnen:

➤ *Grimassenschneiden:* Geht einmal umher und schaut euch die Leute, mit denen ihr in Kürze zusammenarbeitet, genau an. Grinst sie an, lächelt, guckt grimmig, streckt die Zunge raus, zeigt euch gegenseitig eure schönsten Grimassen, guckt auch erschrokken, erstaunt usw., und wenn ihr nicht mehr mögt, geht weiter zur nächsten Person…

6. Mut

Bevor wir zur letzten Prüfung kommen, bitte ich euch zuvor, euch noch einmal gut zu konzentrieren; ihr sammelt euch für die entscheidende Übung – bis jetzt hat ja alles prima geklappt … Doch zuvor folgende kleine Hilfe: Artisten ruhen sich vor einem Auftritt aus. Sie entspannen sich, ohne dabei einzuschlafen oder unaufmerksam zu sein, um danach um so konzentrierter an ihre Aufgabe gehen zu können:

➤ *Entspannung:* Legt euch so auf den Rücken, daß sich jede Person mit einer anderen an einer Stelle irgendwo berührt (Kopf auf den Bauch legen, Hand liegt auf Fuß, Bein über Bein usw.). Konzentration, Ruhe und Entspanntheit kehren bei euch ein… (mögliche Eingaben von außen: Boden spüren, Berührungen genau fühlen, an was Schönes denken …). Und nun steht ihr langsam auf und geht dort drüben zum (Name) ,um die Erklärungen für den Mutsprung zu erhalten.

➤ *Mutsprung:* Vor einem Kasten (6 Teile) oder einer ähnlich hohen Erhöhung stellen sich die zukünftigen Artisten in zwei Reihen so auf, daß sie sich ansehen und immer zu zweit gegenüberstehen. Sie stehen so dicht, daß sie eine Gasse bilden und ihre Arme sich wie bei einem Reißverschluß zusammenfügen. Nun läßt sich ein Kind vom Kastenrand, gestreckt, die Arme über dem Kopf, vorwärts in die Arme der Kinder fallen. Unten angekommen, wird es in einer Art Wellenbewegung bis zum Ende der Reihe weitergereicht und dort vom Circustrainer in Empfang genommen. Danach fügt es sich als FängerIn wieder in die Gasse ein. Am Ende des gesamten Durchgangs werden alle zu ihrem bestandenen Artisteneingangstest beglückwünscht und es wird bekanntgegeben, daß alle Kinder in die Circusfamilie aufgenommen sind.

Hinweise zur konzentrierten Arbeit beim Mutsprung:

a) Beim Reißverschluß nicht an den Händen halten, da sich die Kinder bei der Aktion durch Überlastung von Handgelenk und Schulter verletzen können.

b) Nicht vom Kasten abspringen und auch nicht auf Wunsch schubsen. Eine Hilfe kann sein, wenn sich ein Betreuer an den Kastenrand stellt und sich das Kind mit dem Bauch gegen die hochgestreckte Hand der Betreuerin lehnt und diese Hand dann kontrolliert weggenommen oder mitgeführt wird.

c) Auf steile »Kopfsprünge« aus Angst achten, weil sonst die Last nicht verteilt ist oder das Kind zwischen den Armen durchrutscht.

d) Das transportierte Kind muß die Körperspannung halten und vor allem auf unkontrollierte Fußbewegungen achten. Hier können die BetreuerInnen helfend eingreifen.

Für den Ablauf:

1. Die Kinder kontrollieren selbst – mit Unterstützung der TeamerInnen –, ob die Gasse bereit ist.

2. Das Kind auf dem Kasten fragt, ob die FängerInnen bereit sind, und läßt sich erst dann fallen, wenn es die klare Antwort erhalten hat, daß alles o.k. ist.

3. Lücken werden selbständig aufgefüllt. Die Verantwortung, daß niemandem etwas passiert, liegt bei den Kindern.

4. Jedes Kind wird in seiner Unsicherheit ernst genommen und darin unterstützt, das Risiko des »Sich-Fallenlassens« auf sich zu nehmen. Jeder Versuch hat den gleichen Wert … Die Teamer sollten eine Atmosphäre schaffen, die es jedem Kind ermöglicht, sich fallen zu lassen.

[Weitere Anregungen für den Aufbau von Spielaktionen siehe Kapitel VII f): Literatur: Spielereien, warming up …]

2. Erster Kontakt mit den Gaukeltechniken und Materialien

Bevor das Training und der Aufbau von Nummern beginnt, sollten alle Kinder möglichst viele Techniken, vor allem die unbekannten, ausprobiert haben, damit die Entscheidung der eigenen Zuordnung nicht auf wackeligen Füßen steht. *Hä? ...* »Damit nicht erst nach der vierten Trainingseinheit klar wird, daß man anderes wahrscheinlich viel lieber wollte, wobei man eigentlich gar nicht weiß, was man wollte, und bald alles genauso langweilig wird, wie alles andere, was man zu lernen hat.« *... Aha!*

Die Auswahl der Geräte/Techniken richtet sich nach dem Alter der Kinder, den (z.B. während der Spielaktion) wahrgenommenen Fähigkeiten und nach der Dauer des Projektes, d.h. die Techniken/das Gerät sollten in der zur Verfügung stehenden Zeit auch in einer vorführbaren Qualität beherrscht werden können.

Die ausgewählten Techniken sollen Neugier wecken, Mut machen zum Probieren, d.h., schon die ersten Erfolge ermöglichen, und die Phantasie der Kinder für mögliche Nummern anregen.

Nach unseren Erfahrungen eignet sich hier vor allem eine Art Circel/Stationenrundlauf in Kleingruppen mit Balanciergeräten [Laufrollen, Laufkugel, (Schlapp-)Seil, Balancierbalken, u.ä.] und dem Diabolo. Unter Umständen ist auch das Tellerdrehen möglich, wobei hier die einfachen Andrehtechniken Vorrang haben sollten. Oder der Anleiter selbst muß sehr gut andrehen können, damit er die Vorarbeit zum Proben mit dem drehenden Teller leisten kann. Eine u.U. sehr anstrengende Tätigkeit!

Schon jetzt sollte darauf hingewiesen werden, daß das Gaukeln nicht nur aus den Tätigkeiten auf der Bühne besteht, sondern auch von den *vorbereitenden*, den *zuarbeitenden* und den *nacharbeitenden Tätigkeiten* neben, vor und hinter der Bühne abhängt.

Die Betätigung/das Mitspielen in diesen Bereichen sollte als genauso wichtig und erstrebenswert vermittelt werden wie die Handlungen auf der Bühne und nicht den Touch von »ja wenn du nicht weißt, was du willst (und nicht willst, was du sollst), dann kannst du ja in die Requisite gehen ...« bekommen. Eine entsprechende Präsentation (u.U. eine eigene Nummer) dieser Leute auf der Bühne könnte im zukünftigen Programm vorgesehen werden.

Mögliche Tätigkeiten sind:
– Licht
– Ton (Cassetten einspielen, Atmosphäre durch Geräusche schaffen)
– Dokumentation mit Video, Kamera und u.U. Projektzeitung
– DirektorIn, Conférencier
– Bühnen(um)bau

- Werbung, Deko, Programm, Kasse
- Animation vor und nach der Aufführung, Pausengestaltung, Verkauf von…

Der besondere Wert dieser Tätigkeiten liegt darin, daß die AkteurInnen für andere arbeiten, bzw. sich unterstützend für die Realisierung der gemeinsamen Sache einsetzen. Damit die Kids diese Zusammenhänge checken, ist es bei einigen u.U. zuvor notwendig, ihnen einen Draht zum Gesamtprodukt und zum Prozeß der Entstehung zu vermitteln.

3. Probengestaltung und Probenzeiten

Genau wie die Großgruppe benötigen die sich bildenden Untergruppen eine Einstiegsphase. Um sowohl eine Überschaubarkeit als auch ein konstruktives Arbeiten zu ermöglichen, sollten bestimmte Gruppengrößen nicht überschritten werden. Dabei ist es im großen und ganzen unerheblich, ob zwei oder ein(e) BetreuerIn der Gruppe angehören:
- Akrobatik, Jonglieren; Equilibristik; Bewegungstheater; Tanz
  ⇒ pro Nummer max. 8 – 10 Kinder
- Clownsnummern; Feuer; Zaubern; Musik
  ⇒ pro Nummer max. 4 Kinder

Je älter die Kinder sind, d.h., auch schon selbständig am eigenen Weiterkommen arbeiten können, sind andere Gruppenaufteilungen möglich, z.B. beim Jonglieren, wenn verschiedene Techniken benutzt werden: Drei Kids jonglieren mit drei Bällen, vier üben am Diabolo und fünf trainieren mit den Tellern, eine Person versucht sich an den Cigar Boxes, und eine weitere hat ihre Vorliebe für den Devil Stick entdeckt.

Konstruktives Arbeiten bedeutet vor allem, daß den Kindern nicht vorgefertigte Nummern oder Rollen zugewiesen werden, sondern der Versuch unternommen wird, ihre eigenen Vorstellungen, Vorschläge und Ideen zu erfahren, sie aufzunehmen und in die Arbeit einfließen zu lassen.

Zwar haben Kinder bezüglich der verschiedenen Ausformungen von Gaukelei (Circus, Varieté, Revue …) schon Vorstellungen, doch sind sie sich bezüglich der Umsetzbarkeit im unklaren, und die meisten Ideen sind als Handlungsmaxime kaum geeignet.

Jetzt kommt es darauf an, ob die AnleiterInnen in der Lage sind, die Vorschläge der jungen ArtistInnen realistisch einzuschätzen und die Andeutungen entsprechend in konkrete Handlungsvorschläge, Möglichkeiten und Angebote zu übersetzen und den AkteurInnen die Perspektiven ihres Trainings zu verdeutlichen. Das wiederum hängt davon ab, welche eigenen Erfahrungen die TeamerInnen in dem Metier der Gaukelei, des Circus oder ähnlich gelagerter künstlerischer Bereiche gesammelt haben [siehe Kapitel II: LeiterInnenaufgaben].

Ein weiterer wesentlicher Punkt ist der *zeitliche und räumliche Rahmen*, in dem das Training abläuft. Hierbei haben sich folgende Eckdaten als hilfreich erwiesen:
➤ Ein Kind sollte nicht an zu vielen Nummern beteiligt sein
  ⇒ max. 3 (besser nur 2)
➤ Bei ganztägigen Trainingsblöcken (z.B. Feriencircuswoche)
  ⇒ max. 2 Trainingseinheiten für die Nummern pro Tag; als Alternativen sollten Aktivitäten im Requisitenbau o.ä. oder Pausen (mit Betreuung) angeboten werden
➤ Nicht mehr als 1 – 1,5 Stunden pro Trainingseinheit sollten eingehalten werden.
➤ die Räumlichkeiten sollten so beschaffen sein, daß die einzelnen Gruppen ungestört arbeiten können. D.h., pro Trainingsgruppe ein Raum oder ein großer Raum optisch so getrennt, daß sich die Gruppen nicht untereinander ablenken
➤ bei älteren Kindern/Jugendlichen sollten sogenannte Freizeiten für individuelles Training eingeräumt werden.

Bei allen Techniken hat sich das Workshop-Prinzip als sinnvoll herausgestellt; d.h., zuerst werden die Grundtechniken vermittelt und dann werden sich während des Trainings herauskristallisierende Vorlieben/Interessen einzeln gefördert und präzisiert.

»Für die Nummernkonstruktion ist die AnleiterIn am ›erfolgreichsten‹, die das sich technisch Entwickelnde mit ihren Erfahrungen bezüglich möglicher Spielrahmen verbinden kann und so den ArtistInnen Erfolge ermöglicht, die sie schnell realisieren können und auch im Fortschreiten der Prozesse bequem auf verschiedene Niveaus erweitern und steigern können.«

Einfacher: sie gibt also Anregungen, die in zweierlei Hinsicht wirkungsvoll sind:
– zum einen erzeugen sie bei den Kindern Bilder von möglichen Ausformungen/Präsentationen, die zum Weiterprobieren und zu eigener Kreativität anregen,

– zum anderen sind schon in diesem Anfangsstadium vorführbare Elemente enthalten, die leicht zu einer Nummer kombiniert werden könnten. (… wobei hier zu bedenken ist, daß Kinder sich auch schnell mit solch' präsentierbaren »Kleinerfolgen« zufriedengeben und sich mit einem »hat ja doch prima geklappt« auf dem bereits Erreichten ausruhen.)

Wie beim gesamten Projekt gilt auch hier: es gibt keine technischen Selbstläufer, die nur anzureißen sind, und die Nummern entwickeln sich von allein. Bei den Techniken kann manchmal der Effekt beobachtet werden, z.B. wenn das Tellerandrehen klappt, das Diabolo geworfen und wieder gefangen wird oder der Knieschulterstand und Flieger nicht mehr umfallen, daß die Kinder ohne Anleitung Variationen oder Kombinationen probieren. Doch ohne die Phantasieanregung und Ergänzungen der Anleitung wird daraus keine Nummer, mit der ArtistInnen wie Zuschauer zufrieden sind.

Mehr zu diesem Thema, bezogen auf die einzelnen Gaukeltechniken, findet sich im folgenden Kapitel.

Exkurs 1:
Das Spiel der Gaukler

Es gibt sehr alte Bildnisse und Aufzeichnungen, die über akrobatische, jongliertechnische und tänzerische Bewegung Auskunft geben. Sie reichen zurück bis in die Dynastien der Pharaonen. Über das technische Niveau geben sie uns Informationen, die einen z.T. hohen Stand vermuten lassen. Eine antike Schreibtafel zeigt Jongleure, die schon mit sieben Kugeln agieren. Über die spielerischen, darstellerischen Anteile der Vorführungen allerdings ist bis in unsere Tage wenig erwähnt. Zwar gibt es Berichte und Legenden, die von dem oftmals bewegten Leben einzelner Gaukler erzählen (Ausführliches hierzu z.B. bei K.H. Ziethen), aber über den Vortrag selbst ist bis auf eben einige Techniken wenig überliefert.

Lan Zi, chinesischer Holzschnitt aus der Ming Dynastie [Ziethen: »Die Kunst der Jonglerie«, S.49]

Was ist also das Spiel der Gaukler?

Kurz, alles, was über die Technik hinaus geschieht, alles, was die Gaukler über ihren Charme, über ihre Persönlichkeit in diese Präsentation einfließen lassen und alles, worin die Technik eingebettet ist.

Gut, aber ist das erlernbar? Muß man dafür nicht irgendwie, naja, geboren, begabt oder wie auch immer, sein?
Nein, es ist lernbar!

➤ Die Technik zu umschreiben, ihrer Präsentation einen Grund zu geben, sie mit einer Geschichte zu ummanteln, also einen *Rahmen zu schaffen*, in der sie gezeigt wird, ist die eine Seite.
Da hilft schon der Veranstaltungsrahmen, die Ansage, der Name, den sich die Gaukler geben. Aber auch die Logik der Abfolge der einzelnen Kunststücke, die Geschichte, die um die fliegenden Frühstücksbrötchen herum erzählt wird, die Musik, die dazu gespielt wird und die Lichtwechsel, die währenddessen die Bühne verändern, sind Teil der Präsentation. All diese äußeren Bedingungen verändern den Wert der Vorstellung und können, wie die Technik, selbst geübt, ausprobiert und entwickelt werden. Heutzutage arbeiten ganze Berufsgruppen daran.

➤ Die andere Seite, die in der Darstellung/Präsentation eine wichtige Rolle spielt, ist diffiziler, da das Publikum eben nicht nur Technisches sieht. Die *Sympathie*, die dem Gaukler entgegenschlägt, seine *Ausstrahlung*, deren Ursprung sich so schwer in Worte fassen läßt, ist aber dennoch von seinem eigenen Verhalten abhängig und nicht vom Gaukelgott gegeben. Kinder (bis ca. 9 Jahre) haben da eigentlich wenig Probleme. Sie sind es gewohnt, sich vor anderen zu präsentieren und bei Erfolg Zuspruch, bei Mißerfolg Hilfestellung oder Trost zu bekommen. Sie verstellen sich nicht, geben ihren Gefühlen Raum und scheinen so in jeder Situation durchschaubar und damit liebenswert. Diese Offenheit zu erhalten oder wiederentdecken zu helfen ist der (Lern-)Prozeß, der hier initiiert werden kann. Denn, wenn die Akteure in der Lage sind, den Spaß an der Sache, das eigene Bemühen, die eigene Faszination an der Geschichte, offen zu zeigen, kurz, nicht nur auf die Wirkung der Fertigkeit zu bauen, wird es dem Publikum leichtfallen, sie in ihren Darstellungen anzunehmen.

Doch *Vorsicht!*, Technik und Spiel bedingen einander: Klappt die Technik nicht, wird es auch schwerfallen, mit ihr zu spielen. Geht das Spiel an den Zuschauern vorbei, nutzt auch die brillanteste Technik wenig, die Nummer gelingt nicht.
Also sollte auch in der Zusammenstellung der Nummern beiden, Gaukeltechnik und -spiel, die gleiche Aufmerksamkeit gewidmet werden.

Show-Übungen

Auf der Bühne zu stehen, ist für die Kinder eine ungewohnte Situation. Wesentliche Kriterien für eine gelungene Präsentation sind einerseits das Wissen um die Bedingungen der Bühne/Manege, andererseits Aufmerksamkeit, Wachheit und eine gewisse (An-)Spannung bei den Artisten. Damit Fehler vermieden werden (z.B. die Kinder nicht mit dem Rücken zum Publikum agieren), die Anspannung nicht zu groß wird (Lampenfieber), müssen die Kinder in diese Situation eingeführt werden.

Die folgenden Übungen sollen die Kinder spielerisch mit diesen Situationen vertraut machen.

➤ *»Stop« & »Go!«*
Alle stehen im Kreis. Auf Klatschzeichen der Spielleitung laufen alle in allerschnellstem Tempo auf der Stelle. Auf ein erneutes Klatschzeichen bleiben alle wie angewurzelt stehen und schauen auf einen festen Punkt in Augenhöhe.

Variation: Wie oben, nur zusätzlich im Stehenbleiben einen Namen, Wort oder ähnliches rufen (laut, leise, böse, freudig …)

Variation: Die SpielerInnen laufen durcheinander, springen, hüpfen, tanzen, rudern mit den Armen und sind völlig aus dem Häuschen. Wenn »STOP!« gerufen wird, verharren alle in der jeweiligen Position und rühren sich nicht mehr. Bei »Go!« geht es weiter …

➤ *Kreisvorstellung*
Die Gruppe steht im Kreis; alle klatschen dreimal gemeinsam mit den Händen. Der/die LeiterIn macht im Rhythmus drei Schritte nach vorne in den Kreis, stellt sich vor: »Ich bin der/die … (Name)« und macht eine Verbeugung. Alle klatschen dreimal, gehen dabei gemeinsam drei Schritte vor und versuchen, das Gesehene und Gehörte möglichst exakt zu imitieren. Im Kreis geht diese Vorstellung nun reihum …

Variation: Statt Imitation kann bei einer Gruppe, die sich schon kennt, auch Überzeichnung Thema der Wiederholung sein.

Variation: Statt des Namens kann später auch die Rolle im Programm oder ein Text vorgetragen werden und der Klatschrhythmus verändert oder weggelassen werden.

➤ *Gefahr von …*
Die SpielerInnen laufen umher wie die Westernhelden (breitbeinig und in der Hocke, ca. so tief, als ob sie auf einem Stuhl säßen); wenn der Anweisungsruf von der Spielleitung ertönt »Gefahr von…!«, bleiben alle stehen und hören dann woher die Gefahr kommt: z.B.«von hinten!«. Sofort machen alle einen Sprung mit einer 180°-Drehung (bei »rechts!« oder »links!« eine 90°-Drehung und bei »von vorne!« eine 360°-Drehung).

Auch mit anderen Spannungszuständen als der Gefahr spielen (Weihnachtsmann, Lottogewinn, ...von hinten).

➤ »Heij!«-Sprung

Die Gruppe sitzt im Kreis auf den Knien, alle richten sich gemeinsam in der Hüfte auf, um zu sehen, ob das Publikum schon da ist. Fehlalarm, alle setzen sich wieder hin. Das wird ein, zweimal wiederholt. Beim dritten Mal sehen sie das Publikum, setzen sich wieder hin, bereiten sich vor. Aus dem Sitz springen nun alle gemeinsam auf die Füße, reißen die Arme hoch und rufen gemeinsam, laut das »Heij!«.

Variation: Es wird eine Rolle vorwärts gemacht, an deren Ende man fest auf dem Boden steht, die Arme hochschnellen läßt und das »Heij!« ruft.

Wenn dann vier Personen Rollen nebeneinander machen und das Gleiche wiederholen, ist das schon eine Miniaufführung.
[*Heij! – Tanz* siehe Kapitel V 7. Musik]

➤ Ansagenkette

Alle sitzen im Publikum in einer langen Reihe nebeneinander. Die Teilnehmer merken sich den Namen der Person, die rechts neben ihnen sitzt. Die linke Seite beginnt. Der erste läuft hinter den Vorhang, sammelt sich ganz kurz, tritt vor die Zuschauer und sagt mit eigenen Worten die nächstfolgende Person (die eben noch rechts neben dem Ansager saß) an. Das Publikum tobt und spendet tosenden Beifall. Der erste geht zurück hinter den Vorhang, trifft dort den zweiten, der gerade auf dem Weg zu seiner Ansage ist, und geht zurück ins Publikum, um weiter Beifall zu spenden.

Wichtig ist, sich hinter dem Vorhang, auf dem Weg nach vorn, bei der Ansage und für den Gang hinter den Vorhang die Zeit zu nehmen, die man selbst benötigt, um Spannung für das Publikum aufzubauen. Ebenso sollte man fest stehend zu dem stehen, was man da sagt, also nicht hin und her tippeln, schon zurückweichen wollen etc.! Ruhig einzelne mehrmals wiederholen lassen, auch die, die zuschauen, lernen dabei !

➤ *Die Applaus-Dusche*
Die/der SpielerIn tritt vor das Publikum und macht irgendeine Aktion – das Publikum spendet rasenden Applaus. Am Anfang sollte das einfache Erscheinen mit Beifall bedacht werden. Später können weitere Handlungen, Texte hinzukommen. Es kann sich aus dieser Situation eine ganze Geschichte entwickeln, z.B. im Dialog mit der AnleiterIn, die am Ende das Publikum sogar wahrhaft begeistert. Egal was geschieht, die Zuschauer bleiben auf jeden Fall unbändig zustimmend.
Variation: Es kann auch genau das Gegenteil genutzt werden, wenn z.B. jemand sich ganz anders ausprobieren will, das wäre dann die »BUH!-Dusche«.

➤ *Kreisanimation: Lach mich an/Lach mich aus*
(Kreisaufstellung) Die Leitung steht in der Mitte des Kreises und schlägt eine Mimik, z.B. Lachen vor. Nun geht sie herum, die Kinder anschauend, und erzählt von den unterschiedlichen Stadien des Lachens, von neutral über ein leichtes Lächen bis die Zähne zu sehen sind, bis hin zum lauthals offenen Lachen. Dabei macht er/sie die verschiedenen Stadien selbst mit und fordert die Kinder zum Mitmachen auf.
Variation: Desgleichen rückwärts und mit anderen Stimmungen oder Gefühlen, die leicht umzusetzen sind.

Exkurs 2:
Fundus – Materialkiste

In diesem Buch wird des öfteren von Flexibilität im Umgang mit den verschiedensten Situationen gesprochen. Eine Möglichkeit, um dieser Forderung nachkommen zu können, ist, einen Fundus von Materialien bereitstehen zu haben,
- der das schnelle Bauen einer Requisite erlaubt,
- der eine Kostümidee auf den Punkt bringt oder
- der einer etwas ausgefalleneren Bühnenidee zur notwendigen Stabilität verhilft.

Die folgende Auflistung soll helfen, den Aufbau eines eigenen, auf die jeweils besonderen Bedingungen zugeschnittenen ›Materialfundus‹ angehen zu können.

Tip: Lest die Liste aufmerksam durch. Schaut, welche Ideen zu Nummern und Figuren dabei entstehen. Welche Zuordnung zu Kindern, mit denen ihr schon arbeitet, fallen euch ein? Laßt euch anregen, die Liste der Möglichkeiten durch ein aufmerksames Hinschauen in/ auf andere/n Bereiche/n (TV, Museen, Zeitschriften …) zu erweitern, auch um mit den Bildern, die euch dabei vielleicht entstehen, konkrete Nummern zu entwerfen.

1. Gaukel-, Theater-, Circusrequisiten

a) Kostümierung

➤ *eindeutige Konstüme* (Kostüme, die bei den Zuschauern eindeutige Schubladen-Klischees hervorrufen, denen dann von Seiten der AkteurInnen entsprochen, mit denen aber auch die Szenerie auf der Bühne persifliert/gebrochen werden kann).

Neben den typischen Circus-Kostümen (Clown in Punkte-Overall oder zu großer Hose, Direktor mit Frack und Zylinder, Tigerkostüm vom Karneval …) hier einige Ergänzungen: Hausmeister-, Hausfrauen-, Ärztekittel; chinesische Jacke/Kimono; Bademantel/Schlafanzug/Nachthemd, weiße Mütze und Hausschuhe; Frack, Zylinder; Feuerwehrhelme, Polizeimützen oder andere Bekleidungsstücke von »Obrigkeiten«/offiziellen (Staats-) Organen; einige einfache Tülltutus; Weihnachtsmannoutfit; Kochmützen …

➤ *Universal-Kostüme* (die nicht so festgelegte Bedeutungen haben, halt nur anders sind als die normale Kleidung der Kinder):
Hüte und sonstige Kopfbedeckungen, Brillen (alte Kassengestelle, Sonnenbrillen, Chlorbrillen, Schweißerbrillen), große und kleine Tücher, Pumphosen, Bolero(s) und Westen, ausgefallene Jacken (Glitter, schrille Farben, zerfetzt und verschlissen), Ärmelschoner, Parka-Innenfutter oder Auto-Sitz-Felle (für Steinzeitmenschen oder als Tierfelle), Badekappen/-mützen, Gürtel und Hosenträger (um zu groß Geratenes anzupassen); Fellmützen …

b) Requisiten

➤ *eindeutige Requisiten:* hierherein gehören zuerst einmal alle Circus-Requisiten (Jongliermaterial: Bälle, Keulen, Ringe, Diabolos, Devil Sticks, Chiffon-Tücher, Jonglier-Teller …; Balanciermaterial: Rola Bola, Seil, Balken, Laufkugel und -rollen …)
und dann noch: Stetoskop, Riesen-Schaumstoffhammer und andere große Clownsrequisiten, Pistole, Feuerwehrspritze, Zauberstäbe …

➤ *Universal-Requisiten:* Koffer, (Gymnastik)-Stäbe, Gymnastikreifen (verschiedenen Größen), Regenschirme, Telefon, Hupen, Trillerpfeifen, Trollygitter, Papprröhren, Leiter(n), große Pappen (1 x 2 m), PappKartons, Taue und Seile, Kerzen, Flaschen, alter Kerzenständer, Plastikeimer, stabile Bretter und Balken, ein paar Handpuppen/-figuren (z.B. als Ansage-rIn oder für eine Verwandlungszauberei o.ä. zu verwenden), kleiner Klapptisch (zum Zaubern), Besen, Stühle, LKW-Schläuche …

c) Requisitenbau

➤ *Limbo-Feuer-Stange:* Als Stange kann eine ca. 2 m lange Holzlatte benutzt werden, die in der Mitte auf einer Länge von ca. 1 m und im Abstand von ca. 12 cm mit Fackelband, Dochtband oder Glasfaserband (Dichtband von Kohleöfen) umwickelt wird. Unter die Wicklung ist zur Isolierung vorher breites Aluband anzubringen, damit der Holzstab nicht anbrennt, wenn das Petroleum/Lampenöl, mit dem die Wicklung getränkt wird, verbrannt ist.

➤ *Feuerreifen:* Holzgymnastikreifen, der auf einer Länge von ca. 50 – 70 cm zuerst mit Aluband (z.B. Reperaturband für Autos; bessere Qualität in Jonglierläden zu erhalten) und dann mit Fackelband (Ersatz-Dochtband für Jonglierfackeln ist am haltbarsten) umwickelt wird. Nicht zu dicke Wicklung anlegen, da sonst die Flamme zu groß/zu heiß wird.

➤ *Schlangenkorb:* Gut eignet sich ein entsprechend großer Wäschekorb. Schön wäre ein Modell aus Korbflechtmaterial, bei dem der Deckel möglichst klappbar am Korb befestigt ist. Für die Schlangennummer selbst reicht eine Größe, in die das Tier reinpaßt. Bei einem größeren Exemplar ist man jedoch flexibler bezüglich der Ideen zu dieser Nummer: z.B. wenn die Schlangenbeschwörerin anschließend im Korb verschwinden oder die Schlange von einer Tänzerln gespielt werden soll.
Ein netter Effekt am Rande ist, daß sich der Deckel des Korbes wie von selbst zu den Flötentönen der Beschwörerin hebt: Dicht am Vorhang stehend, ist dies mit Hilfe eines dünnen schwarzen Nylonfadens (Dekogeschäft) zu bewerkstelligen. Die Schlange selbst kann aus einem dicken Tau hergestellt werden, wobei der Kopf z.B. eine Strumpffigur (Puppenbau) sein kann.

➤ *weitere Vorschläge:*
  – Großmaske (aus Papp-
    maché und Draht für
    Einzug oder Umzug;
    Ungeheuer, Drache …
    oder einfach nur witzi-
    ge Figur)
  – Schwertkiste (Zaube-
    rei)
  – Paravent / spanische
    Wand (als Bühnenein-
    gang, Raumteiler oder
    für Zauberei)

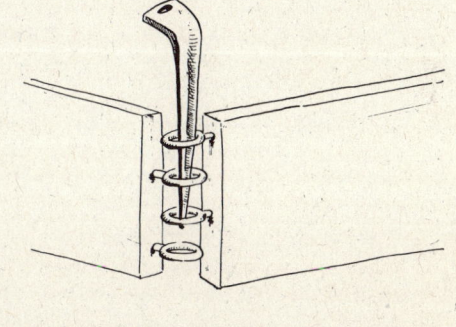

  – Manegenumrandung aus einmal längs durchgesägten Schalbrettern [~ 150 cm x 60 cm vom Baumarkt]; ca. 9 Elemente für einen ausreichend großen Halbkreis; Verbindung mit 2 x 2 Ösenschrauben und einem Zelthering; auch verwendbar: Strohballen (Vorsicht bei Feuer!)
  – Rampe und Wippe für die Laufkugel (Equilibristik).

2. Schminken (Masken)

Für das Schminken sind im wesentlichen zwei Bereiche zu besprechen: das Material und die Technik. Wir gehen davon aus, daß für die Aufführung die Anleitung das Schminken übernimmt. Bei ca. 25 Kindern sollte eine Zeit von ca. 2 – 3 Stunden dafür eingeplant werden.

a) Das Material

Für die Kinder am angenehmsten sind die *Wasser- oder Naßschminken*. Sie lassen sich in fast allen Fällen aus der Kleidung wieder herauswaschen und sind auch nach der Aktion selbst mit warmem Wasser und Seife vom Gesicht und den anderen Schminkstellen wieder zu entfernen. Das Aufbringen der Schminke erfolgt mittels Pinsel oder kleiner Schwämmchen (für größflächiges Arbeiten).

➤ Die runden *Schwämmchen* gibt es im einschlägigen Fachhandel (Jonglier- oder Theaterbedarfsläden); sie sollten halbiert werden, da mit den so entstehenden Ecken besser und genauer z.B. im Augen und Nasenbereich gearbeitet werden kann.

➤ Für die *Pinsel* gibt es keine grundsätzliche Empfehlung. Wir haben die besten Erfahrungen mit sogenannten Seidenmalpinseln (Größe 2 oder 3) gemacht. Sie sind zwar recht teuer (ca. 20,– DM), dafür benötigt man jedoch nur einen Pinsel und kann damit sowohl größere Flächen als auch feine Linien gestalten, da der Pinsel eine selbstformende Spitze hat.

➤ Die *Farben* sind, wie Wasserfarben, untereinander mischbar und werden genauso verarbeitet. Als Farbauswahl ist folgender Grundbestand sinnvoll [gängige Hersteller: Kryolan (Berlin), Grimas (NL)]:
  – die vier Grundfarben, schwarz und weiß als ca. 40-ml-Töpfchen
  – eine 12er Palette mit ausgefallenen Buntfarben (incl. Silber und Gold, möglichst ohne Metallbronze hergestellt)

Erweiterung:
  – Gold und Silber als Naßschminke (unter andere Buntfarben gemischt ergeben sich faszinierende Glittereffekte)
  – lila, pink und hellbraun als ca. 40-ml-Töpfchen (da schwer zu mischen)

b) Die Technik

Das Schminken selbst bedarf keiner größeren Vorbereitung: kein Grundieren vorher, kein Abpudern hinterher, kein Abschminken. Für die Arbeit sind jedoch einige Tips sinnvoll:

➤ das *Übereinanderschminken* verschiedener Farben sollte möglichst unterlassen werden, da die unterste Schicht immer wieder angelöst wird, und sich mit der neuen Farbe mischt; meist nicht der gewünschte Effekt. Vorsichtiges Auftupfen der zweiten Farbe ist hier eine mögliche Lösung, jedoch sehr langwierig. Besser ist es, sich vorher zu überlegen, welche Farbe wohin kommt, und dort entsprechende Stellen freizulassen.

➤ Die *Bücher*, die es z.Zt. auf dem Markt gibt, enthalten in fast allen Fällen Vorschläge, die mit Fettschminke realisiert wurden und nur bedingt mit Wasser-/Naßschminke nachzuvollziehen sind (z.B. wegen der Probleme beim Übereinanderschminken).

➤ Um in einer *angemessenen Zeit* mit der Maske für ein Kind fertig zu werden (max. 1/4 Std. für ein Gesicht), sollten die AnleiterInnen sich frühzeitig in dem Metier üben. Ein Fortbildungswochenende reicht da nicht.
  – Wieviel Farbe am Pinsel erlaubt mir angenehmes und rationelles Arbeiten?
  – Anatomisches Schminken erleichtert die Arbeit, doch die Linien finden/sehen, muß trainiert werden.
  – 3 – 4 Standard-Muster schminken zu können, die effektvoll sind, farblich variiert werden können und dennoch für die Akrobatik oder Tanznummer ein einheitliches Bild erzeugen, sind ebenfalls von Wert.
  – Ein paar Figuren/graphische Zeichen, die oft gewünscht werden (wie Herz, Spinne, Stern, Blitz, Schriftzeichen oder ein Smily), machen die Arbeit rational.

c) Masken

Manche Kinder vertragen Schminke nicht oder möchten einfach nicht angemalt werden. Manchmal ist hier der Einsatz von *Klein-, Halb- oder Vollmasken* möglich, wobei vor allem letztere Form schon bei den Proben klar sein sollte, da das Spiel damit einiger Übung bedarf. Die kleinste Maske der Welt, die Clownsnase, Tiernasen (u.U. ergänzt um ein paar Schminkpinselstriche ergeben sie ein interessantes Bild) und einfache Gesichtsmasken (Dominos) sind am einfachsten zur Karnevalszeit zu besorgen.

Selbstgebaute Halb- oder Vollmasken (aus Packpapier, Pappmaché oder auch Gipsbinden mit »Plastika«verfeinerung) sind denen aus der Maskenkonfektionsabteilung (da meist aus Gummimilch hergestellt, zwar unzerbrechlich aber auch nichtatmend) vorzuziehen. Entweder haben die AnleiterInnen die Masken bereits vorproduziert oder aber es handelt sich hier um ein Angebot für ein längeres Projekt, da die Herstellung der Masken mindestes 2 – 3 Tage in Anspruch nimmt. [Hinweise siehe Kapitel VII Literatur (Werkstatt)]

3. Hilfsmittel

a) Die Werkzeugkiste

➤ 2 – 3 Teppichmesser, ca. 4 Scheren, ca. 8 Bühnenbohrer, 2 Tischler-bleistifte, 2 mittlere Filzer (schwarz), Sicherheitsnadeln, zwei versch. Stär-ken Draht, Heftzwecken, ein übersichtliches Sortiment Schrauben (Spax) und Nägel (normale und Stahlnägel), 2 Pack Sturmstreichhölzer (Berg-sport-/Trekking-Laden), 2 Feuerzeuge, einen dicken Fäustel (u.U. auch als »Amboß« zu benutzen), einen mittleren Hammer (ca. 300 g), kleine Ei-sensäge, Gehrungssäge …

➤ einen kleinen Ratschenkasten mit verschiedenen Schraubbits …

➤ Klebstoffe: »Ponal«, »Pattex«, Zwei-Komponenten-Kleber oder Sekun-den-Kleber, ca. 5 Klebestifte, ca. 4 Tuben Papierkleber; Klebeband: Tesa-Krepp glatt, Isolierband, doppelseitiges Klebeband, Gaffaband …

➤ u.U. Akku-Bohrmaschine, auch als Schrauber zu nutzen

b) Elektrisches

➤ 1 – 2 Kabeltrommeln (50 m), 2 – 3 einfache Kabel (2 – 3 m), Mehrfach-stecker, 2 – 3 kleine Lampen für hinter die Bühne, ein kleiner Lötkolben und Lot, ein paar gängige Sicherungen (z.B. für den Cassettenrecorder und den Verstärker)

c) Dekoration, Malerei und sonstige Hilfen

➤ schwarzer Karton/Fotokarton, Dekofolien zum Herstellen oder Verzieren von Zauberutensilien

➤ Wachsmalkreiden, Buntstifte, dicke Filzschreiber, Abtönfarben, Pinsel

➤ Plakatkarton zwischen 120 g und 300 g Flächengewicht; für Programm-ablauf, Ankündigungen, Hinweisschilder … in verschiedenen Farben

➤ Papier: Endrolle von Druckereien, die Rollenoffset betreiben; Tapeten-rollen; was zum Malen und »Draufschreiben«: ca. 80 g Flächengewicht in DIN A4 – A2

➤ Riesenluftballons und ein alter Staubsauger zum Aufblasen der Ballons, kleine Luftballons

➤ große Mülltüten als Kittel beim Werkeln, für Müll, aufgeblasen als Ballonersatz/Deko, zum Lagern von Material …

➤ Kreppapier in verschiedenen kräftigen Farben, Konfetti, Luftschlangen…

➤ Bindfäden, Nylonseile zum Abspannen der Tücher, Aufhängen von Dekoration …

➤ Bambusstäbe, Stangen und Dachlatten (zwischen 1,50 m und 3 bis 4 m; zum Abstützen, für Transparente und Kasse und für die ein oder andere Idee)

➤ Silber- und Goldfarben (Acrylfarbe ist am universellsten, da auf fast allen Materialien haftend)

➤ Stoffe und Tücher zum Abdecken und Verdecken, als Vorhänge, als Raumteiler oder als Zeltimitation
(hier ist z.B. auch der Fallschirm oder das Schwungtuch aus der Spielaktion einsetzbar)

➤ Kanister mit Wasser gefüllt zum Beschweren oder für Abspannungen, wenn nicht einzuschrauben oder einzuschlagen geht

➤ Baumwolldecke(n) als Feuerdecke griffbereit auf und hinter der Bühne

➤ Teppiche, Matten (am geeignetsten sind 1 x 2 m Judomatten/Tatamis)

Bevor diese reichhaltige Auswahl an Materialien zu einer wilden Verkleidungs- und Requisiten«orgie» führt, sei der Hinweis erlaubt, daß alles Material, welches benutzt wird, auch in den Proben berücksichtigt werden sollte. Will sagen: Mit einem noch so schönen langen Prinzessinnenkostüm ist sehr schwer Seiltanzen. Ein reich verziertes Jäckchen aus 1001 Nacht gibt zwar ein schönes Bild ab, wenn die Partnerin allerdings bei der Akrobatik immer in den Taschen hängenbleibt, ist dieses Kostüm genauso ungeeignet wie der breite Stroh-Sombrero für die Feuershow. Und auch die Befestigung des Balancierbalkens auf der Bühne sollte vor der Nummer bedacht werden, um nicht durch Improvisation bei der Premiere die Aufführung der Kinder zu gefährden.

V. Artistisches von A – Zaubern

1. Akrobatik

Für Kinder ist die Akrobatik ein tolles Betätigungsfeld. Sie zeigen gern, wie geschickt und wie beweglich sie sind, und können manchmal sogar selbst darüber staunen, wieviel unvermutete Kraft in ihnen steckt. Auch ist der Reiz groß, sich in dieser ungewohnten, aber nach außen wirkungsvollen Art zu bewegen.

Die Lust am eigenen Körper, das Ausprobieren ungewohnter Bewegungen und das Miteinander-Arbeiten sind noch nicht mit Hemmnissen belegt oder durch Spezialisierung eingeschränkt.

Da aber grundsätzliche Voraussetzungen der akrobatischen Bewegungsabläufe bei ihnen noch nicht voll entwickelt sind (z.B. Haltekraft, Muskelausdauer) und auch einige akrobatikspezifische Fertigkeiten (z.B. motorisches Zusammenspiel mit dem Partner, Körpergefühl für die ungewohnten Haltungen oder Bewegungen) noch erlernt werden müssen, sind Enttäuschungen vorprogrammiert.

Im *Jugendalter* sind Vorraussetzungen zur Akrobatik weiter ausgeprägt, andere Fertigkeiten aber eventuell schon wieder verschüttet. Der Wunsch, zu zeigen, was man kann, ist oft schon überdeckt von der Angst, sich zu blamieren oder keine Spitzenfigur abzugeben.

Die Bewegungsreize/-aufgaben sollten bei der Arbeit mit ihnen zwar spannend und herausfordernd sein, die Möglichkeit zum erfolgreichen Gelingen aber nicht zu hoch gesteckt werden. Einzelstände und Solo-Fertigkeiten sind besonders beliebt, da Jugendliche selten gewohnt sind, miteinander zu arbeiten. Dieser Umstand, die Berührungsangst, kann schon beim Einstieg in die Arbeit über Hinweise zur Notwendigkeit von Hilfestellungen gemildert werden.

a) Zum Lernprozeß

Die wichtigste Aufgabe der Leitung ist es, neben Technikvermittlung und Nummerngestaltung, den Kindern eventuelle Ängste durch gezielte Hilfestellung oder durch entsprechende Vorübungen zu nehmen. Denn ausprobieren wollen sie erstmal alles, was ihnen keine Angst macht.

Oft verlieren sie aber nach dem ersten Mißlingen die Lust, oder sie verdrängen einfach das Fehlen einer Fertigkeit und sagen, es hätte prima geklappt.

Die genannten Figuren lassen sich ohne größeren Übungsaufwand ausführen. Um dem Kinderfrust entgegenzuwirken, sollte dann allerdings die helfende Hand mit einem kurzen Impuls die mangelnde Vollendung ersetzen.

Solch gezielte Hilfestellungen geben zudem eine Vorstellung vom korrekten Ablauf der Bewegung. Den Kindern ist das dann erst einmal egal, wenn nur die Endposition erreicht wird.

Der nächste Schritt (Beherrschung der Bewegung, Wiederholbarkeit, wechselnde Partner) ist nur durch *stetiges Üben und genaues Wissen um die Technik* zu erlangen. Dieser Prozeß ist schwerer, als die Kinder es am Anfang vermuten, kann aber von außen unterstützt werden.

Zum Beispiel durch:
- immer kleiner werdende Hilfen,
- Veranschaulichen des Bewegungsablaufes,
- Üben mit einem geübten Partner,
- wechselnde Positionen können die Übenden mitbekommen, welche Hilfen der andere von ihnen benötigt.
- Die frühzeitige Nummerngestaltung, also die Notwendigkeit, daß die Figur für die gemeinsame Nummer verfügbar ist, kann zusätzliche Motivation zum Üben sein.

Die Fertigkeiten der Kinder werden erst einmal auf die geübte Technik beschränkt bleiben. Das Gelernte auf neue Situationen übertragen, selbständig Bewegungsmuster wiedererkennen und in neuen Figuren anwenden, ist hier noch ein Schritt zu weit.

Natürlich gibt es unterschiedliche »Bewegungstypen« unter den Kindern. Solche, die keine Probleme mit der Körperspannung haben und die, die Bewegungshinweise sofort umsetzen können, sind gut dran. Andere, die ihren Bewegungsrhythmus nur schwer verlassen können, brauchen Hinweise, die sich auf ihre besonderen körperlichen Bedingungen beziehen. Auch kann die Zusammenarbeit der beiden »Typen« dieses »Manko« verkleinern helfen.

b) Grundsätzliche Bedingungen für die Arbeit an akrobatischen Figuren

➤ *Die Gruppe sollte nicht zu groß sein.*

Bei der Einführung der Basisfiguren oder bei der Aufnahme akrobatischer Vorübungen in die Aufwärmung, ebenso wie bei betreutem Stationsbetrieb, können natürlich mehr als ca. 8 Kinder angeleitet werden. Sobald es aber daran geht, die Figuren und Übergänge zu üben oder neue, unbekannte zu entwickeln, wird es schwierig.

Wo es auf Bewegungsgenauigkeit ankommt oder öfter mal in gleicher Konstellation wiederholt werden muß, sollte mit möglichst wenigen TeilnehmerInnen gearbeitet werden, um Konzentration und Bereitschaft nicht über Gebühr zu beanspruchen und um gezielte Hilfen und Korrekturen geben zu können.

➤ *Die Räumlichkeiten sollten angemessen sein.*

Der Boden sollte nicht zu hart sein. Judomatten als Unterlage für weichen Absturz und dennoch sicheren Stand wären gut. Es sollte genügend Platz, auch für dynamische Bewegungsabläufe (z.B. Anlauf), vorhanden sein. Störungen von außen (z.B. durch eine andere Gruppe) sollten zumindest in der ersten Lernphase vermieden werden.

➤ *Hilfestellung von Anfang an.*

Parallel zu der Technikvermittlung sollten notwendige Hilfe- und Sicherheitsstellungen eingeübt werden, damit von Anfang an eine Atmosphäre der Verantwortlichkeit die Arbeit prägt und eventuelle Ängste vor der Höhe, dem Über-Kopf-stehen oder dem anderen gar nicht erst aufkommen bzw. abgebaut werden.

➤ *Vertrautheit schaffen.*

Die Akrobaten sind ein Team, egal ob eine/r allein, ein Paar oder eine ganze Gruppe gerade agiert. Dabei helfen
- gemeinsames Arbeiten (z.B. sind an einem Zwei-Personen-Stand vier Kinder beteiligt; zwei davon als Hilfe, als Sicherheitsstellung oder Korrekturhilfe),
- gemeinsames Planen (z.B. bei der Aufnahme bestimmter Figuren in die Nummer) und
- gemeinsames Entwickeln (z.B. eine Variation zu einem Stand).

c) Zur Technikvermittlung

Je nach turnerischer Vorbildung der Kinder/Jugendlichen, je nach mitgebrachtem »Bewegungsfundus«, kann die Arbeit mit mehr oder weniger anspruchsvollen Angeboten beginnen. Da wir in diesem Buch elne gewisse Vorbildung der Leitung annehmen, verweisen wir hier, was detaillierte Bewegungsanleitungen weiterführender akrobatischer Figuren angeht, auf die angegebene Literatur. Die Zielsetzung in diesem Abschnitt ist, Handreichungen bei der *Vermittlung der Techniken für Kinder* aufzuführen.

Vorübungen, Hinweise und Hilfen zu »bekannten« Figuren der Akrobatik

➤ *Der Flieger (Hecht)*

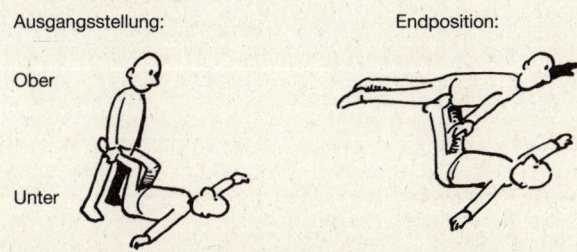

Ausgangsstellung: Endposition:

Ober

Unter

Wichtig!   – Spannung des *Ober* während der gesamten Figur
             – Beinrumpfwinkel des *Unter* 90°

Hinweise für Kinder an Ober:
Stell dich direkt vor Unters Po und halte die Hände (oder die Fußknöchel) von Unter fest, ohne in der Hüfte abzuknicken. Du mußt steif bleiben, wie ein Brett. Guck nach oben an die Wand. Kopf und Fersen nach oben ziehen.

Hinweise für Kinder an Unter:

1. Versuche die Beine möglichst senkrecht zu halten, wenn Ober auf deinen Füßen liegt.
2. Deine Füße sind wie eine Wippe, auf der Ober liegt. Wenn du die Zehen zu dir ziehst, kippt Ober nach vorn , wenn du sie nach oben drückst, fällt Ober nach hinten ab.

➤ *Knieschulterstand (Bolk)*

Ausgangsstellung:

Endposition:

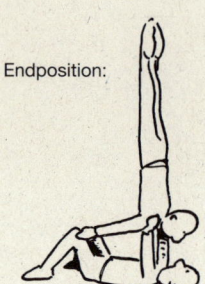

Hinweise für Kinder an Ober:
Laß die Arme die ganze Zeit über gestreckt (auch beim Aufschwingen). Wenn du nicht hochkommst, kannst du erst einmal auf die Knie von Unter klettern und dann Bein für Bein nach oben schieben.
… an Unter:
Gib acht, daß du mit beiden Schultern auf dem Boden bleibst. Versuch, die Arme senkrecht nach oben zu halten. Wenn du die Arme einknickst, bricht alles zusammen.

➤ *Fahne (Stuhl)*

Ausgangsstellung:

Zwischenposition:

Hinweise für Kinder an Ober:
Geh ganz dicht an Unter heran.
Steige auf, als wolltest du eine
Treppe hochsteigen. Versuche die
Arme so schnell wie möglich zu
strecken. Erst wenn du oben bist,
läßt dich Unter in die Endposition
ab.

Endposition:

Falls der Hüftknick nach dem
Aufsteigen bleibt: Versuche Unter
deinen Bauchnabel auf die Nase zu
drücken.

… an Unter: Hilf Ober, indem du mit den Armen dicht an deinem Körper
nach oben drückst. Laß dich nicht nach hinten, unten wegdrücken. Wenn
du siehst, daß die Beine von Ober gerade sind, kannst du deine Arme lang
machen und dich langsam nach hinten in die Endposition legen.

➤ Vierfüßestand / Bank und andere Pyramidenbausteine

seitwärts (a)

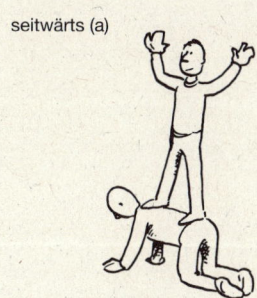

frontal (b)

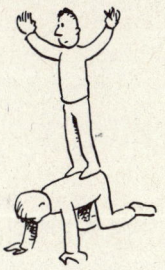

Hinweise für Kinder an Ober:

zu a Deine Füße stehen jeweils wie eine Brücke über der Wirbelsäule
von Unter.

zu b Nur bis zum Hosenbund treten, nicht auf die Wirbelsäule.
Sobald du stehst, die Beine strecken und nicht hin und her trippeln,
lieber nochmal versuchen. Blick nach vorne; suche dir einen Punkt,
an dem sich dein Blick festhalten kann.

… an Unter:
Nicht ausweichen. Wenn dich Ober zu einer Seite drückt, versuche dage-
genzuhalten.

Weitere Basiselemente, aus denen sich scheinbar abenteuerliche Pyrami-
den zusammenstellen lassen, sind:

➤ **Vierfüßestand rückwärts/Bank** ➤ **Stuhl offen**

➤ **Ritterschlag** ➤ **Tisch**

➤ **Liegestütz** ➤ **Schultersitz**

Ein Kombinationsbeispiel:

[Weitere Beispiele siehe Punkt d – Nummerngestaltung.]

Nicht immer sind obige Hinweise technisch exakt, doch oftmals haben Kinder andere Orientierungspunkte, über die sie ihren Körper erfahren. So sind Bilder oft hilfreicher als die genaue Bewegungsbeschreibung. Kann die Leitung die entsprechende Bewegung gezielt vormachen, ist ihnen oft noch besser geholfen.

d) Zur Nummerngestaltung

Viele Akrobatiknummern »verwuseln«, sind in ihrer Struktur schwer nachzuvollziehen. Die Kinder laufen durcheinander, stehen mit dem Rücken zum Publikum, die gezeigten Stände werden zu schnell aufgelöst oder so schnell hintereinandergeschaltet, daß das Publikum gar nicht weiß, wann es denn klatschen soll. Das geschieht, weil die Akteure nicht wissen, wie sie sich in der Bühnen-/Manegensituation verhalten sollen.

Es muß also eine Form gefunden werden, die Übersicht ermöglicht, ohne das Geschehen steif erscheinen zu lassen. Hier kann man schon beim Training der Figuren vorbereiten:
– Figur mit einem Hepp!/Heij!/Hoppla! … abschließen,
– nach der Figur eine Verbeugung einbauen,
– eine Richtung angeben, wo das Publikum sitzt.

In der Gestaltung der Nummer sollten bestimmte Regeln beachtet werden:
➤ Den Bühnenraum/die Manege voll ausnutzen (z.B. durch diagonale Bewegungslinien/durch parallele oder synchrone Figuren rechts, links, Mitte).

➤ Die Nichtagierenden brauchen einen festen Platz (meist bietet sich dafür eine Reihe im Hintergrund an).

➤ Ein Wechsel von bewegten und statischen Bildern macht es leichter, der Nummer zu folgen und einzelne Kunststücke zu erkennen.

➤ Dynamischer Beginn, Vorstellung der Artisten (visuell) und ein Höhepunkt am Schluß der Nummer sind angebracht.

➤ Einzeldarbietungen sollte ein fester Platz eingeräumt werden (z.B. alle hintereinander im Mittelteil der Nummer oder zwischen einzelnen Kombinationen von Partnerfiguren).

➤ Die Nummer sollte nicht länger dauern, als die Inhalte die Spannung für das Publikum halten können.

Wenn die Form für die Akteure verständlich ist und sie eine Vorstellung von ihrer Wirkung bekommen, bleibt ein Frage offen, die sie nur selbst entscheiden können:

➤ soll der Ablauf der Nummer streng durchchoreographiert werden, mit exakten Haltungen, Wegen und Bewegungsabläufen, oder

➤ darf es in den Positionen spielerische, ja private Äußerungen, wie Applaus für die anderen, Lachen, Mitfiebern geben?

Wohlgemerkt:	Form?	Ja!	Korsett?	Nein!
	Ablauf?	Ja,	aber auch Veränderungen nach Wünschen der Kinder!	

In einer Nummer brauchen vielleicht keine großen Sensationen enthalten sein, doch ist es möglich, in einem wie unten strukturierten Schema jede Menge schwierige Figuren und Abläufe unterzubringen:

– Aufzug der Artisten
– Einzelkünste vorstellen
– Partnerfiguren zeigen
– Kombinationen von Partnerfiguren
– Pyramide
– Abschlußpyramide/Abschlußbild/Schlußpräsentation.

2. Clownereien

Fragen an die Kinder:
Was macht der Clown?
Wie ist der Clown?

»Er macht Unsinn, Quatsch, er bringt die
Leute zum Lachen.«

Ja, aber wie macht er das?

»Er ist albern, fällt hin, stolpert, alles geht
schief, er macht sich lustig, er veräppelt den
anderen Clown, stößt sich immer den Kopf
und schreit dann ganz laut …«

»Außerdem sieht er natürlich auch noch ganz komisch aus mit seiner
roten Nase, dem geschminkten Gesicht und den viel zu weiten
Sachen, die er trägt.«

Aber das ist ja fast selbstverständlich.

Die Vorstellungen der Kinder sind so ausführlich, so konkret und gleichzeitig so vielseitig, daß sich das gesamte Material, das dem Clown zur Verfügung steht, an ihnen schon ablesen läßt.

Nun gut, zugegeben, an den Feinheiten kann man noch arbeiten, aber
die Dinge, die die Kinder an der *Clownsfigur* faszinieren, sind sehr genau
umrissen: er macht all das, was den Kindern nicht so ohne weiteres ge-
stattet ist, und bleibt dabei trotzdem souverän, liebenswürdig und zugänglich, weil das ja alles sooo gut zu verstehen ist, was er da macht.

Gerade kleinere Kinder haben dann allerdings große Schwierigkeiten
damit, ihre ziemlich genauen Vorstellungen in das eigene Spiel zu übertragen. Vielleicht klappt der Witz beim ersten Anlauf nicht, oder die anderen
lachen zur eigenen Überraschung gar nicht und fragen, was das denn gerade war. Also müssen *Hilfestellungen* her,

– die komplex genug sind, damit am Ende ein Lacher dabei herauskommt,
  aber
– die so einfach sind, daß die Kinder ihren Spaß an der Sache nicht verlieren und noch überblicken können, was sie da tun.

Fertige Clownsnummern, vor allem die klassischen Clowns-Entrees, sind
selten dazu geeignet, dieses Dilemma zu lösen. Den Kindern fehlt das Rol-
lenverständnis, oder sie sehen gar nicht ein, sich von dem dummen August
hinters Licht führen zu lassen. Hier Abhilfe zu schaffen ist die Aufgabe des
Spielleiters.

Manchmal gelingt es, wenn ein Erwachsener oder ein älteres Kind die
Rolle des übertölpelten Weißclowns übernimmt, aber oft wirken auch diese
Versuche noch steif und mechanisch. Am besten ist es, den Kindern etwas
Material an die Hand zu geben, um ihren Wünschen vom quirligen, leben-

digen Clownswesen näherzukommen; damit läßt sich dann bald schon genauso gut spielen, wie mit den mitgebrachten Vorstellungen.

a) Vorübungen

➤ *Fallen*
vornüber, geschubst, vor Schreck in Ohnmacht, vom weggezogenen Stuhl, über den anderen drüber, weil die gewünschte Hupe weggezogen wird, auf den Hosenboden …

➤ *Stolpern*
über die eigenen Füße, mitten im Lauf, rückwärtsgehend, über eine Stecknadel, in einen Eimer tretend, mit/ohne Hinfallen …
Aus diesem Unfall ergeben sich natürlich Konsequenzen, zum Beispiel:
- der Clown läuft vor eine Wand (wobei die Hände natürlich in Brusthöhe gehalten werden und den Schwung an der Wand abbremsen)
- die »Stolperfalle« (wobei er mehrmals hintereinander über den gleichen Gegenstand … und beim vierten Mal dann plötzlich nicht mehr (F. Frinton: ›Dinner for one‹) stolpert.

➤ *Miteinander-Kämpfen* (auf die Reaktion kommt's an)
- *Dem anderen auf den Fuß treten*, wobei die beiden Clowns nebeneinander stehen, der eine dem anderen die Ferse neben die Fußspitze stößt und den eigenen Vorderfuß aufrichtet und so über den Fuß des anderen hält, daß er ihn gar nicht berührt. Reagiert der Getretene entsprechend, ist der Schmerz sichtbar; reagiert er gerade nicht, wundert sich der tretende Clown ungemein.
- *Dem anderen in die Hand beißen*, wobei die beiden Clowns nebeneinander stehen, der eine die Hand des anderen mit beiden Händen umfaßt und in der Mitte etwas Platz für die Bißstelle läßt. So kann er »zubeißen«, ohne daß das Publikum eine Chance hat, den Trick zu erkennen. Reagiert der Gebissene entsprechend …
- *Dem anderen an den Haaren ziehen*, wobei der scheinbar Ziehende die Hand auf den Kopf des anderen legt, dieser die Hand des Täters mit beiden Händen auf den Kopf drückt, gut festhält und selbst die »gewalttätigen« Bewegungen vollführt. Der Täter läßt sich also nur von seinem Opfer führen, obwohl sein Gesichtsausdruck zeigt, daß er voller Wut, Zorn, o.ä. das Opfer malträtiert.
- *Dem anderen eine Ohrfeige verpassen*, wobei der Schläger die Hand dicht an der Wange des Geschlagenen vorbeiführt und mit dem Fuß gleichzeitig auf den Boden trampelt oder sich mit der flachen Hand oder der Faust auf die Brust schlägt;

wobei der Geschlagene zur gleichen Zeit, wie der Schlag ihn »trifft«, in die Hände oder sich auf der dem Publikum abgewandten Seite auf den Oberschenkel klatscht.

Weicht der Geschlagene zusätzlich im richtigen Moment (also direkt nach dem Schlag) aus, so meint das Publikum wirklich …

– *Dem anderen mehrere Ohrfeigen geben*, wobei der Schläger das Kinn des Geschlagenen mit Daumen und Zeigefinger umfaßt, als wolle er dem Kinn eine Stütze bieten, und nun nicht, wie das Publikum meint, das Kinn, sondern in schneller Folge die eigene Hand von rechts und links »ohrfeigt«.

Aus diesen Vorübungen lassen sich auch schon kleine aufführbare Spielszenen erarbeiten, wie das folgende *Beispiel* zeigt:

➤ *Das Ohrfeigen-Spiel*

A verleitet B zum Mitspielen, die beiden stellen sich gegenüber auf. Das Spiel beginnt mit wechselseitigem Auf-die-Hände-schlagen, das nach einmaligem Üben gespielt wird.

Wenn die verabredete Folge zu Ende ist, gibt A B eine wie oben beschriebene Ohrfeige, ohne den Rhythmus des Spiels zu unterbrechen. Beim zweiten Durchgang scheint B das Spiel verstanden zu haben und haut seinerseits am Ende des Spiels zu. Wenn dieser aber zuschlägt, taucht A nach unten ab, richtet sich gleich nach dem Luftschlag wieder auf und haut erneut zu. Wieder ist B der Gefoppte, und das Spiel wird noch einmal gespielt. Diesmal tauchen beide nacheinander ab, und diesmal vergißt B, sich beim zweiten Mal zu ducken …

➤ *Der Hut*

– der immer wieder von neuem vom Kopf fällt, weil die Schnürsenkel noch zuzubinden sind,

– der sich auch nicht vom Boden aufheben läßt, weil die Hände, wenn sie den Hut ergreifen wollen, immer zu spät kommen, da der Fuß kurz vor ihnen am Hut anlangt und ihn jedesmal wieder nach vorne wegstößt,

– der nicht auf dem Kopf sitzen bleiben will, weil die Hände, die ihn gerade aufsetzen wollen, ganz kurz und schnell wieder nach oben schnellen, und er so vom Kopf springt, als hätte er eine Feder in der Innenseite.

➤ *Das System des Clowns*

Der Clown überrascht seine Mitspieler und das Publikum immer wieder durch Aktionen, die in der jeweiligen Situation so niemand erwarten würde. Die folgenden Beispiele können den Kindern als Aufgabenstellung oder zum Ausprobieren vorgestellt werden. Der Clown überrascht,

– indem er z.B. Gegenstände nutzt, wie sie ein vernünftiger Mensch nie nutzen würde, zum Beispiel:

eine Zahnbürste zum Brotschmieren,
einen Besen zum Klavierspielen,
eine Tischdecke als Taschentuch,
eine Schere als Brille …

– indem er die Funktionsweise von Gegenständen nicht versteht und bei
  dem Versuch, sie zu ergründen, auf unüberwindliche Schwierigkeiten
  stößt, zum Beispiel:
  er fesselt sich selbst beim Lösen eines Knotens oder beim Öffnen eines
  Paketes,
  er verheddert sich in seiner Jacke, weil er nie das zweite Armloch trifft,
  und sich alsbald in einer sehr merkwürdig geschnittenen Hose wiederfindet,
  er klemmt sich den Finger bei dem Versuch, einen Liege- oder Klapp-
  stuhl aufzustellen, aus dem er dann mit dem Finger nicht mehr herauskommt,
  er will gleichzeitig beim Ausmessen des Zimmers ein Glas Wasser trinken und kommt durcheinander, weil sich das doofe Maßband immer wieder aufrollt, während er das Glas zum Mund führt.

– indem er sich als unfreiwilliger Künstler wiederfindet, weil er einen Gegenstand bedient, der so gar nicht zu bedienen ist, zum Beispiel:
  er will einen Luftballon durchstechen, macht aber, ohne es zu wissen,
  das Experiment mit dem Zauberluftballon des Magiers, und der Ballon
  bleibt ganz,
  er jongliert ein Ei in dem Bestreben, es nicht fallen zu lassen. Dabei kommen ihm ein Apfel und eine Bratpfanne in die Quere, die er dann plötzlich, gemeinsam mit dem Ei, in der Luft zu halten versteht. Als er aber
  seine Fähigkeit registriert und seinen Triumph nach außen trägt, fällt das
  Ei natürlich zu Boden. (*Merke:* »Dieser Trick eignet sich nur für Kinder
  unter drei Jahren«.)

Aus jeder dieser, immer komplexer werdenden Vorübungen, ließe sich eine
eigenständige Clownsnummer gestalten, wenn die Kinder Spaß an ihrem
Tun und ihren Aktionen haben. Einige der Aufgaben verlangen allerdings
einige Übung, bevor sie wirken. Aber wenn der Ehrgeiz erst einmal geweckt
ist, ist vieles möglich.
  Um eine eigene Nummer zusammenzustellen, braucht man nun noch
eine Spielidee, damit die Techniken für das Publikum auch im richtigen Zusammenhang auftauchen. Auch hier enthalten die Kinderaussagen vom Anfang viele Hinweise. Dennoch folgen hier etwas ausführlicher einige Prinzipien zur Gestaltung einer Clownsnummer.

b) Hinweise zur Spielidee

➤ *Jemanden hinters Licht führen*

Viele klassische Clowns-Entrees haben diesen einfachen Beginn und schnitzen daraus in kunstvoller Kleinarbeit hinreißend verwirrende Situationen. Es fängt mit einer Wette an, oder der August will sich beim Stallmeister für die Tritte vom letzten Mal revanchieren. Die berühmt-berüchtigte »Bienchen, Bienchen gib mir Honig-Nummer« der Brüder Meschi (1920) treibt den Gedanken auf die Spitze, indem der dumme August, der ja eigentlich seinen Spaß beim Veräppeln anderer haben will, selbst der Dumme des Spiels wird. Immer aber weiß das Publikum genau, wen es als Nächsten treffen wird, nur mit welchen Mitteln der Clown sein Ziel erreicht, ist nicht klar. Da hilft

– oft die *Leichtgläubigkeit* wie bei dem Spiel, in dem der Clown nicht »Nein« sagen darf, ihm gesagt wird, grad hätte er es gesagt, und er lauthals mit »Nein« protestiert und sich danach am liebsten die Zunge abbeißen würde,

– manchmal die *Ungläubigkeit* wie bei der Wette mit dem Glas Wasser unter dem Hut, das der August auf pantomimische Art ausgetrunken haben will, und der Direktor, der ihm nicht glaubt, den Hut lüftet, um Augustens Behauptung zu überprüfen. Dieser nimmt natürlich das Glas und trinkt es, wie vorher versprochen, ohne den Hut selbst berührt zu haben, aus,

– manchmal sogar etwas *Zauberei* oder einfach die glückliche *Unwissenheit* des Clowns.

➤ *Nichts klappt. Alles geht schief und doch ...*

Unvermögen ist der Ausgangspunkt vieler *Slapsticknummern* und eng verbunden mit dem unnachahmlichen System, mit dem der Clown die Dinge handhabt.

Der Clown verstrickt sich aufgrund seiner Tollpatschigkeit in einer kaum mehr auflösbaren Verzweiflung, die das Objekt bei ihm anstiftet (vergleiche z.B. die Stolperfalle).

Als Gegenpol dient dann oft ein anderer Clown, dem die gleiche Aktion ohne weiteres Zutun, einfach so, gelingt, und er selbst nicht weiß, wie es dazu kam.

Die gleiche Verblüffung befällt den Clown, der bei dem Versuch, auf den Stuhl zu springen, kläglich versagt, weil er immer wieder mit den Fußspitzen an der Stuhlkante hängenbleibt. Er geht hinaus, übt es hinter dem Vorhang, man hört wie es klappt. Wieder in der Manege, bleibt er wieder hängen. Vor lauter Ärger tritt er in den Manegenboden, tut sich weh, springt im Schmerz auf und ... steht auf dem Stuhl.

Am Ende steht der Clown also immer ein wenig über den Tücken des Objektes, das ihn die ganze Zeit scheinbar beherrscht hat.

➤ *Eigenleben der Dinge*

Manchmal entwickeln die Gegenstände in seinem Spiel sogar ein sichtbares Eigenleben. Zum Beispiel macht der Schuh seltsame, unpassende Bewegungen, denen der Clown nur damit begegnen kann, daß er den »lebendig«gewordenen Schuh zu erschlagen sucht. Mit dem eigenen Schmerz erkennt er aber, wie mächtig der Schuh eigentlich ist. Er zieht ihn aus, verprügelt ihn bis zur Unkenntlichkeit und ist dann ganz stolz, als sich der Schuh nun wirklich nicht mehr regt. Erst später stellt er fest, daß sein nackter Fuß friert.

➤ *Kleiner Mann ganz groß*

Die Idee steht in enger Verwandschaft zum »Nichts klappt«, denn meist mühte sich gerade ein vortrefflich dafür Ausgerüsteter mit den Dingen ab und versagte jämmerlich, worauf nun der dafür völlig Ungeeignete das Problem mühelos auflöst.

Z.B., der allgemein bekannte »Gewichtheber-Clown«: August der Starke ächzt und stöhnt bei dem Versuch die 10.000 kg-Hantel zu heben. Erschöpft gibt er auf. Pippin der Kleine kommt herein, sammelt Unrat auf und nimmt wie nebenbei die »schwere« Hantel mit …

Für eine Gruppe mit großen Altersunterschieden drängt sich diese Spielidee geradezu auf. Der Witz der kleinen siegt über die Stärke der großen:

- Wenn der kleine, träge, nichtsnutzige Augustino den großen, starken August dadurch foppt, daß er ihm dauernd das gerade fertiggeschmierte Butterbrot wegfrißt und mit vollgestopftem Mund irrwitzige Krankheiten für sein Stammeln erfindet, oder
- wenn er dem Großen glauben macht, sein Stuhl wäre lebendig, weil er doch immer wieder unter seinem Hintern verschwindet, oder
- wenn er die Angst des Großen vor Spinnen, Schraubmuttern, vor Vergiftungen oder Lärm nutzt und sich so aus der brenzligen Situation zu retten weiß, dann ist der kleine Mann ganz groß.

➤ *Ich kann das aber besser als du*

Auch hier haben wir einen Gedanken, der den beschriebenen ein wenig ähnelt, doch viele Wege führen zum Ziel.

Die Clowns, die sich gegenseitig im Übereinanderstapeln von Wackersteinen überbieten, weil sie wissen wollen, wer von den beiden der körperlich größere ist, nutzen einen ungeeigneten Maßstab für diese Messung, und führen sich gleichsam in gegenseitiger Unwissenheit hinters Licht.

Ähnlich unwissend agieren die beiden, die sich mit der Nachahmung des Löwengebrülls Angst einjagen wollen.

Erst als sie dem echten Löwen gegenüber stehen, bemerken sie, wie unsinnig ihr Versuch war. Der Löwe entpuppt sich natürlich als der dritte Clown, der sich schadenfroh über die Dummheit der beiden lustig macht, dann aber ängstlich die Beine in die Hand nimmt, als die beiden, die nun wiederum entdeckten, daß sie auf die Schüppe genommen wurden, ein Hundebellen nachahmen.

➤ *Das Publikum wird aufs Korn genommen*

Wenn die Clowns mit Wasser spritzen, sich einseifen und mit Torten beschmeißen, freut es die, die nicht von diesen Säften und Schäumen beglückt werden. Doch trifft es einen aus den eigenen Reihen (des Publikums), so wird die Freude um so größer sein, nachdem die Angst, man hätte selbst dran glauben müssen, geschwunden ist.

Ein Eimer voll Konfetti, in dem eben noch sichtbar Wasser transportiert wurde, über die erwartungsfrohe Menge geschüttet, erreicht diesen Effekt.

Ein eingeweihter »Zuschauer«, dem die Torte wirklich ins Gesicht fliegt, verwirrt das Publikum noch mehr. Bis er sich, offensichtlich mit den Bedingungen der Manege vertraut, in das Getümmel wirft und sich selbst als Clown entpuppt, bleibt die Befürchtung: der nächste, der dran glauben muß, bin ich.

So, das reicht schon fast, um eine eigene Clownsnummer mit den Kindern zu kreieren. Die Ideen dazu kommen meist von ihnen selbst, klarer oft, als man es für möglich hält. Weitere Vorschläge sind aber nötig, um den Zusammenhang der Nummer, auch für die SpielerInnen, zu sichern. Werden die erarbeiteten Techniken und Ideen wirkungsvoll aneinandergesetzt, wird die Lust, sich als Clown zu zeigen, noch größer.

c) Zwei Beispiele aus der Praxis

1. Erstes Beispiel

1.1. Vorbereitung

Wir setzen uns zusammen und sammeln gemeinsam, was Clown-sein heißt (Quatsch machen, Konfetti, hinfallen, zum Lachen bringen, schminken, etc.). Da aber noch nicht klar ist, was in der Nummer alles vorkommen soll, mache ich einige der genannten Themen vor: Stolpern/Erschrecken/Wehtun.

Carolin und Katharina versuchen, das Stolpern hinzukriegen. Es gelingt nicht gleich, und Katharina verliert die Lust. Carolin hat einen Hut aus der Verkleidungskiste mitgebracht, den sie zum Spielen aufsetzt und abnimmt, wenn wir reden. Ich frage die beiden, ob sie wissen, was man mit dem Hut alles machen kann: beim Erschrecken hochfliegen lassen, mit einer Rolle vorwärts aufsetzen, den Hut nicht zu fassen kriegen, darüber stolpern.

Ich führe das Erschrecken vor, sie wollen es versuchen, doch verlieren wieder schnell die Lust, weil es nicht so klappt, wie sie es bei mir gesehen haben.

Ihr Eifer aber ist geweckt, als sie dazu übergehen, die anderen genannten Möglichkeiten selbst auszuprobieren. Jetzt brauchen sie sich nicht mehr an meinem Vorbild zu messen und akzeptieren die selbst gefundenen Ergebnisse.

Ich besorge einen zweiten Hut, und es werden weitere Geschicklichkeitsprüfungen für die beiden Clowns »Flips« und »Flops« gefunden: auf dem Hut ausrutschen, langsam auf den Kopf setzen, schnell wieder nach oben werfen.

Bis auf den Purzelbaum brauche ich gar nicht mehr einzugreifen, die beiden sprudeln den Ablauf aus sich heraus, und in wenigen Minuten steht das Gerüst zur Nummer.

Wir treffen uns noch einige Male, um an den Feinheiten und am Erinnern des Ablaufs zu arbeiten, und können die Clowns bald mit auf das Programm des Circus setzen.

1.2. Die Nummer

Flips und Flops machen einen Purzelbaum

Beide treten auf:
Flops: *Du Flips, ich kann einen Purzelbaum.*
Flips: *Na, dann mach ihn halt.*
Flops macht den Purzelbaum.
Flips: *Pah, ich kann auch einen Purzelbaum, sogar wenn ich einen Hut aufhabe.*
Flops reicht den Hut an, Flips will ihn aufsetzen, er springt nach oben ab, Flips kriegt ihn nicht aufgehoben.

Flops: nimmt den Hut auf.
          Was ist denn mit dem Hut?
Flips: *Er will nicht aufgehoben werden, und er will nicht auf meinen Kopf.*
Flops versucht, Flips den Hut auf den Kopf zu setzen, er springt ab.
Jetzt bekommt auch Flops ihn nicht mehr aufgehoben, Flips stolpert darüber, sie kreisen ihn ein, Flips rutscht darauf aus, nimmt ihn wütend in die Hand und drückt ihn langsam auf den Kopf, er springt wieder ab, Flips will aufgeben.
Flops: *Ah, ich hab's, das ist ein Zauberhut.*

Streut etwas Konfetti hinein.
So, jetzt mußt du ihn angucken, siehst du die kleinen bunten Punkte darin?
Flips beugt sich verständnislos über den Hut.
Flops gibt nun Flips einen kleinen Stoß, Flips macht einen Purzelbaum und setzt dabei den Hut auf.
Flips: *Ha, ich kann ja doch einen Purzelbaum*
Beide freuen sich, ab.

2. Zweites Beispiel

2.1. Vorbereitung

Ich dachte, ich krieg' 'nen Föhn, als ich die drei zu einer Clownsnummer bekam. Irgendeine Technik, in der diese unterschiedlichen Charaktere auch individuell agieren könnten, ja, das konnte ich mir noch vorstellen. Aber zusammen entwickeln und spielen – au weia! Aber sie wollten ja Clowns spielen, also mußten wir es versuchen: Florian, ein Rabauke; Natascha, eine stumme Schüchternheit; Oliver, ein Einzelgänger; alle ca. fünf Jahre alt. Unruhe beim ersten Treffen:

Was macht ein Clown?   *Quatsch!*
Was für Quatsch?   *Na, Quatsch halt!*

Die beiden Jungs haben den Raum entdeckt, einer fliegt Kreise, der andere spielt mit der Tischkante Holzhacken, Natascha beobachtet die Umgebung.

Wie macht er denn Quatsch?   *Er bringt alles durcheinander.*
Freut er sich, ist er traurig?   *Beides.*
Was braucht er denn dazu?   Natascha beobachtet weiter.
                                       Oliver hat ein Diabolo entdeckt.
                                       Florian setzt zur Landung an.
Was macht er mit seinem Gesicht? *Grimassen.*

Wir machen Grimassen mit und ohne Hilfe der Hände. Alle drei unterbrechen ihre Beschäftigung kurzzeitig. Albern und ausgelassen verziehen wir unsere Gesichter zur gegenseitigen Freude. Selbst Natascha lächelt.

Wann macht der Clown seine   *Wenn er gewinnt, an der Nase*
Grimassen ?   *herumführt, weint, wettet, streitet …*

So kommen wir auf Wetten und auf das Sprichwort: »Wenn zwei sich streiten freut sich der dritte«, aber Konfetti muß dabei sein und raufen wollen die
beiden Jungs auch auf jeden Fall.

Wir probieren ein paar der vorgestellten Situationen und bald schon streiten die beiden Jungs um eine Blockflöte. Natascha hält sich zurück, ist aber
mit der Konzentration voll dabei, hat Spaß, wenn alle drei etwas zusammen
machen.

Ich probiere die Ohrfeige, das Stolpern und alle haben Spaß: inzwischen
wollen sie es wissen. Sie beginnen, sich an alle Einzelheiten der letzten Vier-
telstunde zu erinnern, und Natascha überrascht durch ihre genauen Beobachtungen. Ich brauche nur den unterschiedlichen Spielansätzen eine verständliche Form zu geben, und sie beginnen, selbständig miteinander zu arbeiten.

Bald schon hat sich aus den probierten Situationen die Nummer heraus-
kristallisiert und nach drei weiteren Treffen weiß jede/r, was zu tun ist:

2.2. Die Nummer

Die Clowns Bim, Bam und Bum

Bim und Bam kommen in die Manege. Bim stolpert und sagt guten Tag.
Bam lacht über Bim, verbeugt sich, sein Hut fällt auf den Boden. Bim
lacht über Bam und entdeckt die Flöte auf dem Boden.
Bim: *Oh, meine Flöte.*
Bam: *Nein, das ist meine Flöte.*
Bim: *Nein, meine.*
Sie gehen sich an die Wäsche und streiten sich quer über die Bühne, die
Flöte bleibt unbemerkt liegen.

Bum tritt auf, nimmt die Flöte:
Bum: *Wenn zwei sich streiten, freut sich der dritte*
             flötet in die Flöte.

Bim und Bam hören den Ton, stocken, schauen sich an, machen zum
Publikum »*Pssst!*«, stellen sich vor Bum. Bim holt aus, schlägt rundum
zu, Bum duckt sich, der Schlag trifft Bam. Bam schlägt zurück, die bei-
den käbbeln sich.
Bum geht, holt ein Glas Wasser, sieht, daß es zu wenig ist, holt einen
Eimer und schüttet … das Konfetti über die Streithähne.
Die beiden stellen sich auf, alle verbeugen sich.

So chaotisch sich die Nummer wahrscheinlich liest, so wenig Spektakuläres sich darin findet, die Nummer wurde vieler Zuschauer Liebling, da der Charme der drei Clown-Spielenden so echt, so in sich ruhend war, daß sich ihm niemand entziehen konnte.

Der Satz, den Clown Bum (Natascha) aussprach, war so leise, daß es knisterte, selbst die Streitenden hielten inne, um ihn auch richtig mitzubekommen. Ein Indiz für die Konzentration, mit der sie bei der Sache waren. Eine fertige, nachgespielte Nummer hätte bei den dreien nie und nimmer diese Wichtigkeit hervorrufen können, die letztendlich auch das Kinderpublikum überzeugte.

3. DirektorIn, Conférencier, Ansageteam

Meist bedeutet die Übernahme dieser Rolle(n) eine Doppelbelastung, da die Kinder ja auch artistisch tätig werden wollen. Und dabei ist hier nicht wenig Arbeit zu tun:

– Die Namen der einzelnen »Acts« sind zu erfragen.
– Entsprechende Ansagetexte oder -aktionen sind zu den jeweiligen Nummern zu überlegen und zu gestalten.
– Die Namen der verschiedenen Nummern sollten möglichst auswendig präsentiert, zumindest aber ausgesprochen werden können.
– Viel(ver)sprechende DCAs (Ansageteams) müssen das laute und deutliche Sprechen oder den Umgang mit dem Mikrofon üben.
– Die DCAs müssen sich über ihre Rolle(n), mit der sie vors Publikum treten wollen, klar werden (Outfit, Sprechweise, etc.).

Außerdem tragen die DCAs auch ziemlich viel Verantwortung. Schließlich werden die »Glorreichen AkrobatInnen« nicht gerne als »Magier Willi« angekündigt, und das Programm wird durch diese Figur(en) nach außen vertreten.

Deshalb sollten solche Rollen auch nur nach Absprache mit allen Beteiligten vergeben werden. Da alle ArtistInnen der Gruppe mit »diesem Chef« zusammenarbeiten müssen, sind *Wahlen* oder ähnliche Verfahren, in denen ausgegrenzt wird, nicht sinnvoll. Lieber sollte nach möglichen Kompromissen gesucht werden, mit denen sich alle AkteurInnen anfreunden können. Selbst wenn ein solcher Prozeß etwas langwierig scheint, bleibt auf diese Weise die Gestaltung der Rolle(n) auch für untypische Handlungen, Tricks und Szenen offen. Vielleicht finden sich in den Gesprächen zur Auswahl des DCA schon Ansätze dazu.

Der Bereich des DCAs bietet sich nämlich besonders an, *spielerische Elemente* in das Progamm aufzunehmen. Zum Beispiel:

➤ evtl. Zusammenarbeit mit einem Running Gag: Der Clown, der auch Direktor sein will, läßt sich »wer-weiß-was« einfallen, um die immer wieder nächste Ansage machen zu können;

➤ ist das notwendige Equipment da, können die DCAs auch Hauptakteure in einer Geräuschimitation sein … [siehe Kapitel II 1g];

➤ kleine Tricks aus den einzelnen Techniken können die Ansagen auflockern:
– aus der »versehentlich« angezogenen Jacke des Zauberers huscht eine mümmelnde Taube und verwandelt sich in einen Spazierstock;
– eigentlich ist das Ansage-team ja eine berühmte Akrobatiktruppe, die die sagenumwobene »Schronz-Pyramide« präsentieren will, doch da ist ja noch die blöde Ansagerei …;
– für die besonders kippelige Balancenummer auf der Laufkugel macht der Conférencier seine Ansage auf dem Einrad.

Über solche eigenständigen oder in andere Nummern eingebundenen Präsentationen läßt sich auch das Bedürfnis der DCAs auffangen, selbst als ArtistIn in der Manege zu agieren.
Generell sollte ein DCA zu der Aufgabe der (möglichst attraktiven) Ansagengestaltung nicht noch mit anderen Rollen bedacht werden, deren Ent-

wicklung besonders viel technische und/oder spielerische Übung erfordert. Daher bieten sich vor allem ältere Kinder für diesen Bereich an, die da zurückstecken können, denen die Entwicklung einer Rolle Spaß macht und denen es möglich ist, auch jüngere in das Team zu integrieren.

Über den *Charakter der Figur* sollte man sich Gedanken machen, schon weil die Person der Direktorin, des Conférenciers recht festgelegt scheint. Es können aber auch ganz andere Typen auftreten: Penner, Inderin, MärchenerzählerIn oder gar ein Verkleidungskünstler, der à la Gottschalk immer wieder neue und zur nächsten Nummer passende Verrücktheiten präsentiert. Die Möglichkeiten sind endlos.

Deshalb muß *die Hilfestellung* seitens der Leitung vielseitig sein. Kostümberatung, Sprechtraining, Spielhilfen, Gags parat haben, evtl. selbst mitmachen (aber nicht die Führung übernehmen).

Vor allem sollte die Betreuung immer wieder ansprechbar sein und für die vielfältigen Probleme offen. Ein DCA hat mitunter mehr darstellerische Arbeit zu leisten als ein Clown.

Noch eins …

Selbst wenn sich niemand zum DCA berufen fühlt, bloß nicht aufgeben und die Arbeit von einem Erwachsenen machen lassen. Damit wird dem Programm jede Menge Charme genommen, und die Kinder wälzen viele, eigentlich in ihrer Verantwortung liegende Probleme auf den »jetzt richtigen Chef« ab. Falls wirklich nichts geht, muß das Problem mit den Kindern besprochen und gemeinsam nach Lösungen gesucht werden (z.B. Tafeln, VideoansagerIn, Stimme aus dem ›OFF‹ …).

4. Mit Kugel, Rolle, Balken oder Seil – Equilibristik

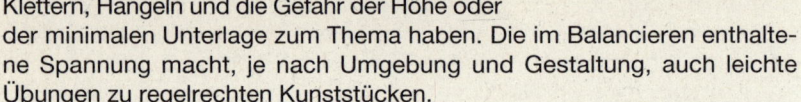

Wie aus den genannten Geräten schon erkennbar, handelt es sich bei dem Metier der Equilibristik um die Kunst des Gleichgewichtsuchens und -haltens. Dieser Balanceakt zwischen freiem Fall und festem Stand begleitet uns das ganze Leben. Kein Wunder, daß auch unzählige (Kinder-)Bewegungsspiele das Balancieren, Klettern, Hangeln und die Gefahr der Höhe oder der minimalen Unterlage zum Thema haben. Die im Balancieren enthaltene Spannung macht, je nach Umgebung und Gestaltung, auch leichte Übungen zu regelrechten Kunststücken.

Und um genau diesen Triebmotor geht es in dem hier besprochenen Bereich. Auf einem Bein steh'n, übers Mäuerchen laufen, an der Teppichstange langhangeln, das Auf und Ab in den Rinnstein ausgleichen, sich an einem Seil hinaufziehen und in Bäumen klettern … die Liste ließe sich bestimmt noch weiterführen, um all die Tätigkeiten zu beschreiben, aus denen sich das Material für eine spannende Circusequilibristiknummer ableiten läßt.

Dabei finden Kinder selbst immer wieder neue Wege, sich immer schwierigere Aufgaben zu stellen, die Kunststücke spannender, »gefährlicher« oder interessanter zu gestalten:
– mit verbundenen Augen laufen,
– während des Laufens ein Tuch, ein Gymnastikband schwingen oder einen Reifen drehen,
– während der Übung durch einen Gymnastikreifen steigen,
– hüpfen, auf einem Bein stehen, sich hinsetzen und wieder aufstehen, etc.

Für Kinder, die sich in einem Turnverein betätigen, ist es kein Problem, ihre Fertigkeiten aus diesem Bereich (z.B. Schwebebalken oder Bodenturnen) auf die circensische Nummer zu übertragen. Hier ist es dann die Aufgabe des Circustrainers, die turnerische Präzision um den für den Circus so wichtigen Bereich des Spielerischen zu ergänzen.

Für eine *Präsentation nach außen* sind folgende Punkte wichtig:
1. eine ansprechende *Gestaltung der Geräte*. Hier gilt, neben dem Aspekt der Sicherheit, wieder einmal mehr nicht der finanziell aufwendige Aufbau, sondern die Liebe zum Detail;
2. einen dramaturgisch geschickten Aufbau der Aktionen, mit der Zielsetzung, die *Schwierigkeit der Tricks sichtbar zu machen*;
3. dabei sollte deutlich werden, daß der/die ArtistInnen ihre Kunststücke

alleine beherrschen. Denn wer will sich beim Mäuerchenbalancieren schon über das notwendige Maß hinaus helfen lassen. Allein auf dem wackeligen Balken oder dem schwankenden Seil stehen, ja, das ist schon was!

Für die AnleiterInnen der Akteure heißt das, die *Hilfestellungen so unsichtbar wie möglich* einzusetzen. Es kann darauf hingearbeitet werden, daß die Akteure sich hierbei selbst helfen; auch während der Aufführung:

Unser Stufenmodell

Stufe 1 ⇒ – mit zwei Hilfen an beiden Seiten; an je einer Hand führen

Gerät
– mit einer Hilfe an der einen Seite; auf der anderen Seite hält der Artist einen Stab, der länger ist als das Kind auf dem stehend groß ist

– mit einer Hilfe; die helfende Hand *kann* stützen, führt aber möglichst nur auf derselben Höhe wie die Hand der Artistin; bereit sein zuzugreifen, zu fangen

Stufe 2 ⇒ – nur noch ein Finger, ein stabiler, dünner Stock, ein Gymnastikreifen, etc. als Verbindung zu einer Person

Stufe 3 ⇒ – ein schwabbeliger Schaumstoffstreifen (z.B.Rohrisolierung aus dem Baumarkt), ein Seil, o.ä. als Sicherung (eine Hilfestellung)

Stufe 4 ⇒ – der Luftwiderstand eines großen Fächers (Dekogeschäft) als Sicherung (ArtistIn allein)

Stufe 5 ⇒ – ohne Hilfsmittel, frei (ArtistIn allein)

Die *Musik* und die Gestaltung der Abfolge der Kunststücke sollte abwechslungsreich sein, da dieser Bereich als Massennummer meist relativ lang ist und sich sogar einige Kunststücke wiederholen können.

Eine Vielzahl von Geräten sind in diesem Metier schon für Aufführungen benutzt worden. Mit *freistehender Leiter(n), Einradfahren/Kunstradfahren, Trapez, Vertikalseil, Draht- oder Schlappseil, Laufkugel und -rolle, Schwebebalken, Handstandperchen, Rola Bola oder barre russe* sind einige Möglichkeiten genannt, in denen es sich tummeln läßt. Wir wollen nun einige Techniken vorstellen, die sich in der Arbeit mit Kindern (auch für Kurzprojekte) als geeignet erwiesen haben.

a) »Circus«balken

Das bekannteste Gerät dürfte wohl der Balancierbalken oder Schwebebalken sein. Ein etwa 8 cm dicker, 10 cm breiter und 3 m langer Balken (Holzmarkt), der (dem jeweiligen Alter der ArtistInnen angepaßt) auf entsprechend hohen Podesten befestigt wird und über den dann versucht wird zu gehen. Dabei können Hindernisse eingebaut oder verschiedene Kunststücke auf dem Balken präsentiert werden. Schön wird die Sache dann, wenn der Balken und auch die Podeste noch entsprechend farblich gestaltet worden sind.

Besteht eine Zusammenarbeit mit einer Schule, so kann der schmalere Turn-Schwebebalken, der möglichst höhenverstellbar sein sollte, oder auch eine umgedrehte Langbank benutzt werden.

An Übungen können sehr gut beim Turnen Anleihen vorgenommen werden, und auch sonst ist der Ideenreichtum für Einzelübungen unerschöpflich. Eine entsprechende Hilfestellung, die weiß, wie die Übungen gehen, sollte selbstverständlich sein:
- Vorwärts-, Rückwärts-, Seitwärtslaufen
- ein Bein abwechselnd rechts und links am Balken außen vorbeiführen und dabei mit dem Standbein in die Knie gehen
- hinsetzen, hinlegen, Handstand, Rolle vorwärts/rückwärts, ½ oder ganze Drehung, Rad, Quer- oder Seitspagat, Standwaage oder Arabeske, Kopfstand oder Kerze …

Die Attraktion des Gerätes kann außerdem dadurch erhöht werden, indem der Aspekt der *Zusammenarbeit der ArtistInnen* eine größere Rolle spielt. Angefangen bei der gegenseitigen Hilfestellung sind hier folgende Ideen möglich:
- synchrones Arbeiten zu zweit oder zu dritt auf einem Balken oder mit zwei Balken nebeneinander,
- Partnerarbeit auf dem Balken, d.h., gegenseitiges Helfen, Handhaltung bei gemeinsamen Bildern und Figuren, etc.: z.B. seitwärtiges Gehen oder Arabeske voreinander mit Handhaltung,
- Einbauen von spielerischen Elementen: z.B. der Balken als rettende Lösung, um jemanden aus dem »brennenden Haus« zu holen; Max und Moritz »tanzen« über die »Brücke«, bevor sie ihren Streich mit Schneider Böck ausführen, oder zwei Musketiere fechten auf der »Brücke« …
- Aktionen mit zusätzlichen Requisiten: z.B. Gymnastikbänder und -reifen, Seilchenspringen, Balancieren von Tabletts mit Gläsern oder Besen, Tellerdrehen, Jonglieren …

Auch mit dem Gerät selbst läßt sich noch manch spannende Veränderung vornehmen:

- Den Balken nur in der Mitte auf einem 25 x 25 x 50 cm großen Vierkantholz befestigen und so eine Wippe konstruieren, die in der Mitte auch noch traditionell, d.h., als Balancegerät für Einzelstände genutzt werden kann.
- Die Mutprobe: während ein Artist auf dem Balken steht (oder auch sitzt), wird der Balken von den Manegenarbeitern (AnleiterInnen) hochgehoben, auf die Schultern gelegt und umhergetragen (z.B. Abschluß einer Balkennummer: »geteert und gefedert«).
- Auf den Balken selbst lassen sich noch 2 – 3 Klötze setzen, eine Standwaage, oder einfach dort oben sitzen auf diesem zusätzlichen, wackeligen Untergrund ... *die* Attraktion!

b) Schlappseil

Der Seiltanz ist eine der ältesten Gaukelkünste und ist darum wohl schon sehr lange Bestandteil vieler Kindercircusvorführungen. In seiner einfachsten Form liegt dabei das Seil auf dem Boden, und die Spannung der Nummer wird vor allem durch die spielerische Umsetzung der ArtistInnen hervorgerufen. Eine Variante ist das Arbeiten mit einer sogenannten Zauberschnur (Sportbedarf), einem hochelastischen Seil, was ungefähr in Brusthöhe befestigt wird. Tritt nun ein Artist auf die Schnur, so dehnt sich das Seil bis auf den Boden, und die Illusion ist perfekt.

Beide Vorschläge sind unseres Erachtens jedoch eher für kleinere Kinder interessant; »richtiges« Seillaufen zieht da schon mehr. Auch höhere Ansprüche für ältere sind da enthalten. Hier bietet sich das Schlappseillaufen an, da die Konstruktion oder der Erwerb einer Drahtseilanlage wohl die Möglichkeiten der meisten Kindercircusinteressierten übersteigen dürfte.

Das Schwierigste bei diesem Gerät ist die Befestigung des Seils. Eine Sache, die vor allem für die Aufführung sichergestellt werden sollte. Ist eine entsprechende Befestigung nicht möglich, so kann das Seil auch von 4 – 6 AnleiterInnen gehalten werden, wobei das Laufen hier dann um einiges schwieriger wird. Also vorher auf jeden Fall proben!

Die von den Kindern zu bewältigende Strecke sollte nicht mehr als 2 – 3 m auseinander liegen, da sonst die Schwingungen des Seils sehr stark werden und schwer auszugleichen sind. Das Seil selbst sollte eine Länge von ca. 10 m haben und eine Dicke von ca. Ø 3 – 4 cm[1]. Als Sicherung sollte eine Weichbodenmatte vorhanden sein (vor allem, wenn die Kinder später alleine proben sollten).

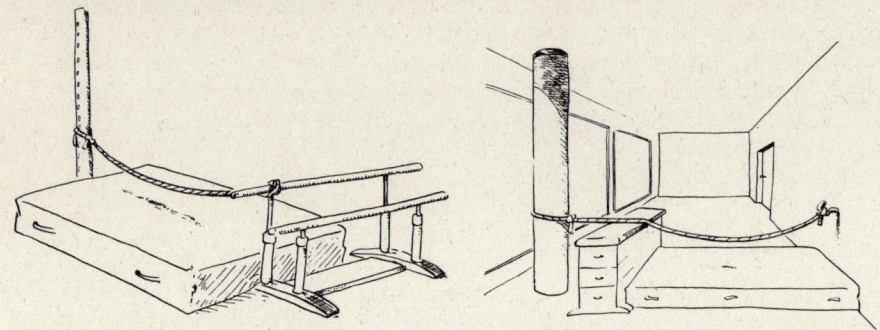

Hinweise zur Technik

Eigentlich ist das Schlappseil nichts anderes als ein »schlapper« Balken. Doch dieser »schlappe« Unterschied führt dazu, daß die Vorgehensweisen zum Erlernen des Balkenlaufens nicht auf das Seil übertragen werden können. Das Wie des Seillaufens ist schwieriger und soll hier somit auch etwas genauer betrachtet werden.

➤ *Grundsätzliches*
– Das Gehen auf dem Seil ist etwas absonderlich und sollte vorher auf dem Boden klargemacht werden: Die Knie sind leicht gebeugt und das Becken wird beim Vorwärts- wie Rückwärtsgehen auf einer Ebene gehalten, ihr schiebt es quasi über den Beinen hin und her [siehe Zeichnung].

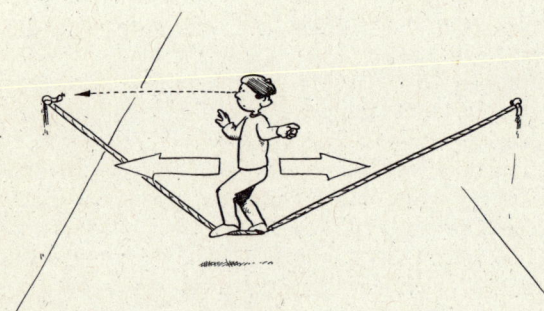

---

1 Ein interessanter Seilersatz entdeckt in »Der Übungsleiter« DSB – 3/93: Turnen mit dem Feuerwehrschlauch

- Auch das Balancieren kann auf dem Boden geübt werden. Ein Spiel dazu: Legt ein langes Seil auf dem Boden aus oder markiert einen Weg (Kreide, Tesa-Krepp). Anfang und Ende liegen zusammen (geschlossenes System).
  1. Aufgabe: Lauft den Weg in einer Richtung ab, jede(r) immer einen Fuß vor den anderen (Hacke an Fußspitze).
  2. Aufgabe: Lauft den Weg in beide Richtungen ab und, immer wenn ihr euch trefft, versucht, irgendwie aneinander vorbeizukommen, ohne vom »Seil« zu fallen. Diese Übungen können auch beim Warm up oder der Kennenlern-Spielaktion schon mal eingebaut sein.
- Als Schuhwerk eignen sich für das Seillaufen am besten Gymnastikschläppchen.

➤ *Hilfen und Sicherung*
- Die Hilfestellung sollte sich von Anfang an auf eine Hand beschränken (und zwar möglichst von der Seite, die bei der Aufführung dem Publikum abgewandt ist). Sollte eine Hilfe von beiden Seiten notwendig sein, so sollte versucht werden, hier den Stab einzusetzen.
  [Weiteres Vorgehen siehe Stufenmodell S. 91]

➤ *Erstes Training*
- Ein zügiges Aufsteigen aufs Seil verhindert das Auslösen der Eigenschwingungen (rechts – links Pendeln) des Seiles; versucht, direkt in eine stabile Endposition zu kommen, d.h.:
  entweder beide Füße auf dem Seil, den zweiten hinter den ersten gesetzt, Knie leicht gebeugt und das Gewicht gleichmäßig zwischen beiden Füßen verteilt oder
  ein Fuß auf dem Seil, das Knie leicht gebeugt und das zweite Bein gestreckt, quasi als Balancierstange (Ausgleichsgewicht) neben dem Seil bewegend.
- Mit eurem Blick haltet ihr euch beim Balancieren an einem Punkt im Raum in der Verlängerung des Seils fest; z.B. fixiert ihr den Knoten, mit dem das Seil am Haken in der Wand befestigt ist [siehe Zeichnung oben].
- Das Gehen (vorwärts und rückwärts) versucht ihr genauso, wie bei der Vorübung am Boden ausprobiert wurde.
- Wollt ihr auf dem Seil drehen, so erfolgt das immer über die offene Seite, d.h., wenn der rechte Fuß vorne ist, dreht ihr euch links herum. Am Anfang dreht ihr am besten immer so, daß ihr euch zum Helfenden hin umdreht, d.h., obige Drehung ist dann richtig, wenn ihr an der linken Hand geführt werdet. Der Kopf dreht sich zuerst, und ihr sucht auch sofort wie-

der einen Punkt, wohin ihr guckt; dann drehen die Füße, die bei der Drehung das Seil nicht verlassen.
– Um ein Gefühl für das Seil zu bekommen, stellt euch mal in der Mitte auf ein Bein und beginnt leicht zu wippen. Guckt mal, wie das Seil reagiert… oder stellt euch mit beiden Beinen aufs Seil und versucht, vor- und zurück, von rechts nach links zu schwingen; wie leitet ihr die Bewegung ein, wie gleicht ihr sie aus?

➤ *Kunststücke*
Einige Ideen, die wir für den Balken aufgezählt haben, sind auch auf das Schlappseil übertragbar, nur sind die Tricks auf dem schwankenden Seil wesentlich schwerer zu erlernen. So ist das freie Stehen auf dem Seil ohne Hilfe eine tolle Leistung, auf dem Balken wird dies schon fast als selbstverständlich vorausgesetzt. Darum gilt es zu überlegen, wie die beiden Geräte in ein und demselben Programm vorkommen können, ohne dem direkten Vergleich ausgesetzt zu werden. Denn die Zuschauer sehen oftmals nicht den Unterschied im Gerät, sondern nur, daß sie die Standwaage ja schon auf dem Balken gesehen haben, und da sah das wesentlich gekonnter und nicht so wackelig aus.
– Eine Möglichkeit ist die Unterscheidung in der Form der beiden Präsentationen: z.B. die Seilnummer als Vorführung von Einzelleistungen und die Balkennummer eingebunden in eine Spielszene oder als Synchronnummer.
– Auch die pfiffige Präsentation von Einzelkunststücken (1) oder der unkonventionelle Gebrauch von Requisiten oder Hilfsmitteln (2) kann möglichen Gleichförmigkeiten von Seil- und Balkennummer entgegenwirken.

1. Seil liegen: der Clown bringt Kopfkissen und Decke.
2. z.B. eine dicke und lange Balancierstange wird von zwei Helfern so gereicht, daß der/die ArtistIn an der Stange hängt und gar nicht mehr auf dem Seil steht: fließender Übergang zur barre-russe-Nummer ...) [Cartoon links unten].

Eine andere Möglichkeit ist die Einbindung des Seils in eine andere Nummer, z.B. *die Schlangenbeschwörung*:

Das kleine Dorf am Rande der Wüste wird immer wieder von einer großen Schlange heimgesucht, die die ganze Ernte auffrißt. Es wird der Feuermagier gerufen. Als die Schlange kommt (Das Seil wird an einem Faden hereingezogen; entsprechend dramatische Musik und Geräusche), fliehen alle. Doch der Magier beeindruckt das Tier durch seine unglaublichen Künste [zu Feuereffekten siehe Kapitel V 5]. Ganz gebannt schaut es ihm zu, so daß er in Ruhe seinen Zauber über die Schlange aussprechen und sie zähmen kann. Als Beweis der Ungefährlichkeit sollen die TänzerInnen ein paar Kunst-stücke auf dem willenlosen Tier zeigen. Das Seil/die Schlange wird dazu von Helfern gehalten.

c) Laufrolle(n)

Die Laufrollen können selbst hergestellt werden. Kunststoffrohre vom Straßenbau mit einem Durchmesser zwischen 40 und 70 cm eignen sich am besten, doch man kann auch mit kleineren oder größeren Maßen arbeiten. Nur: je kleiner der Durchmesser und je größer die Kinder, desto schwerer ist es, darauf zu laufen. Darüber hinaus ist auch die Wirkung einer großen Rolle wesentlich effektvoller; die Trippelei auf der kleinen Rolle (z.B. Ø 20cm) wird vom Publikum nur als komische Idee angesehen, als Clownerie wahrgenommen. Bewußt eingesetzt ist das eine gute Idee, doch für eine komplette Nummer nicht ausreichend.

Sind die Rohre zu dünnwandig (ausprobieren, da je nach Material unterschiedlich), so sind sie durch zwei eingesetzte Holzscheiben (z.B. aus Spanplatten ausgesägt) zu stabilisieren. Die so entstehenden Außenflächen eignen sich auch hervorragend zur Dekoration der Geräte.

Beim Aufbau der »Station« ist es (vor allem bei glattem Boden) sinnvoll, gegen mögliches Wegrutschen der Rollen einen großen Teppich (Stück Teppichboden) unterzulegen. Nicht gelungen sind in diesem Zusammenhang weiche Turnmatten; Judomatten (Tatamis) sind bei ausreichender Fläche bedingt möglich, da sie recht hart sind. Die gesamte Fläche sollte ohne Kanten, Falten, Löcher etc. sein, da sich die Rollen dort »verhaken«.

Hinweise zur Technik

➤ *Grundsätzliches*
- Auf- und Absteigen, *nicht* Auf- oder Abspringen, da die Rolle in beiden Fällen wegrollen kann und man dann unweigerlich auf dem Rücken landet, wenn man Pech hat, auf der Rolle.
- Gewicht beim Stehen und (Vorwärts-)Laufen eher nach vorne orientiert haben, eher in den Fußspitzen als in den Hacken.

➤ *Hilfen und Sicherung*
- Das Hauptaugenmerk der Sicherung sollte auf dem Verhindern des »Nach-hinten-Fallens« der ArtistInnen liegen (im oder oberhalb des Schwerpunkts sichern).
- Zuerst von vorne beide Hände als Stützen bereithalten (ready to catch) und auch beim Aufsteigen helfen; die Stützfunktion immer mehr reduzieren und dann relativ schnell das Alleinlaufen versuchen lassen.
- Wenn das Alleinlaufen Probleme bereitet, können Stäbe benutzt werden, um sich rechts und/oder links abzustützen (die Stäbe sollten länger sein, als die Kinder auf der Rolle groß sind, damit sie sich nicht von oben auf die Stäbe stützen können und sich beim Fallen u.U. aufspießen).

➤ *Kunststücke*

Da die Rollen meist ein willkommenes Spielmaterial für die Kinder darstellen, probieren sie auch die wildesten Sachen aus. Die dadurch entstehende Vielfalt an Tricks wird am besten in einer choreographischen Gestaltung (mit mehreren Rollen) repräsentiert. Die nachfolgenden Ideen beziehen sich also auf diese Gestaltungsweise.

Eine Rolle ...
– vorwärts, rückwärts gehen
– seitwärts auf der Rolle stehen oder das Gerät kniend bewegen
– sich auf der Rolle drehen
– zu zweit ... auf einer Rolle (nebeneinander laufen; beide gucken in unterschiedliche Richtungen)
– Balance: face to face – Handhaltung und »V-Stand« ⇒ wippen, laufen?
– unter einem Hindernis (von 2 Personen gehaltener Gymnastikstab) herfahren
– ein Kind liegt in einer großen Rolle, und ein anderes läuft mit dieser (Hände Vorsicht!)

Zwei und mehr Rollen ...
– hintereinander herrollen (gleicher Abstand; Stock ⇒ Dampflok)
– eine Person steigt von einer auf eine zweite Rolle über
– eine Person fährt mit zwei Rollen
– Kombination mit Pedalos (z.B. ein Pedalogefährt zieht eine Rolle hinter sich her)
– Abschlußidee: aus den Rollen Türme bauen und in einer Akrobatik-Pyramide integrieren
– Rollenwettrennen

d) Laufkugel

Die Laufkugel ist ein »richtiges« Circusgerät (und leider dementsprechend teuer ~ zwischen 400,– und 700,– DM). Es gibt sie in verschiedenen Größen (Ø 60 – 80 cm) und aus unterschiedlichem Material (Holz/Acryl [unicyle]; Kunststoff [Renegade])[2].

Zur Lagerung empfiehlt es sich, die Kugel mit einer ca. 10 – 15 cm hohen Röhre von ca. Ø 30 cm gegen Wegrollen zu sichern. Wird nicht mit dem Gerät trainiert, befindet sich die Kugel in der Tabuzone.

Für den Aufbau gilt dasselbe, wie schon bei den Laufrollen bemerkt: Teppich o.ä. gegen Wegrutschen; Untergrund frei von Kanten, Falten, Löchern; keine weichen Matten.

---

2 Unsere Erfahrungen beziehen sich auf eine Ø 70 cm Holz/Acrylkugel

Hinweise zur Technik

Die Arbeit mit der Kugel ist schwieriger als die vorher genannten Geräte, da hier das gesamte »Zifferblatt« der Bewegungsrichtungen zur Disposition steht. Kinder, die z.B. mit dem Seil klarkommen, können hier ungeahnte Schwierigkeiten bekommen. Aber das gilt auch umgekehrt!: Im Verhältnis zum Seil hat die Laufkugel nämlich einen Vorteil, sie ist träger und nimmt Fehler deshalb nicht so schnell übel.

➤ *Grundsätzliches*
– Auch wenn die Kugel auf einer Stelle bleiben soll, sind die Füße, zum Ausgleichen bereit, immer in Bewegung: sie trippeln.
– Die Kugel wird zum »Obenbleiben« unter dem eigenen Körper hin und her bewegt; *nicht* wie beim Seil oder Balken mit Oberkörper ausgleichen!
– Aufspringen ist besser als Aufsteigen, da man sich so schneller aufrichten kann und die Kugel schon kontrolliert, bevor sie auf den Aufsprung-Stoß von außen reagieren kann.

➤ *Sicherung und Hilfen*
– Die Hilfestellung sichert die Kugel beim anfänglichen Aufspringen mit den Knien.
– Bei schwierigen Balancen kann die Kugel mit den Händen festgehalten werden (bei der Aufführung einer Arabeske zum Beispiel für das Publikum verborgen hinter der Kugel).
– Die AnleiterIn greift die Hüfte der ArtistIn (face-to-face stehend, wenn die ArtistIn aufgestiegen ist oder aufspringt).
– Beide Hände der ArtistIn von vorne greifen (face-to-face stehend, während die ArtistIn aufspringt).
– Einhändiges Führen (zuerst von vorne, um beide Hände schnell da zu haben, später neben der Kugel laufend als Vorphase zum freien Laufen).
Bei den letzten drei Tips ist es wichtig, die ArtistInnen immer wieder zu ermuntern, die Hilfe (Hüfthaltung/Handhaltung) möglichst nicht zu nutzen; je unbemerkter die Hilfe dabei agiert, d.h., nicht stützt, sondern nur ausgleicht, Sicherheit vermittelt, »da ist«, desto klarer wird diese Anweisung für die AkteurInnen.

➤ *Erstes Training*
– *Aufspringen* mit beidhändiger Hilfestellung durch eine(n) TrainerIn, die face-to-face steht

- *Laufen*   a) mit dem Ziel, erst einmal oben zu bleiben
             b) mit dem Ziel, sich in die z.B. von der AnleiterIn
                vorgegebene Richtung zu bewegen
- *Selbständiges Abgehen* ohne Hilfe nach vorne! Die Kugel wird kontrolliert, d.h., sie steht möglichst ruhig. Dann wird das Gewicht nach vorne verlagert, so daß die Kugel zu rollen beginnt; kann sich die AkteurIn nicht mehr halten, macht sie einen großen Schritt und stoppt, heil unten angekommen, die ihr nachrollende Kugel; erst wenn die Kugel sicher liegt, dreht sie sich nach vorne: Präsentation!
  Wichtig! Nicht springen, da durch den Abstoß von der Kugel diese wegrollt, d.h., der Abstoß ins Leere geht und man runter fällt wie ein Stein, Nase voran.
- Hilfe und Sicherung werden zunehmend von den MitspielerInnen übernommen.

➤ *Kunststücke*

- *Ohne Geräte:*
  - vorwärts, rückwärts, seitwärts, im Kreis laufen
  - selbständiges Aufspringen und Abgehen ohne Hilfe
  - sich auf der stillstehenden Kugel drehen
  - hinsetzen, die Kugel im Sitzen bewegen und wieder aufstehen (auch mit Sicherung)
  - Arabeske/Standwaage (auch mit Sicherung)
  - Bocksprung, Flugrolle über die Kugel
  - »fliegender Wechsel«: (eine Pers. springt auf, die andere geht vorher ab. Vorsicht: Die Kugel bewegt sich beim Abgehen!)
  - die Kugel wird von Hilfe gedreht
  - verschiedene Formen des Aufsteigens können erprobt werden:
    ein Artist macht einen Kniefall (hält dabei mit einer Hand die Kugel fest, die andere reicht er seinem Mitspieler) und über das aufgestellte Knie und mit Hilfe der Hand des Mitspielers ersteigt ein zweiter die Kugel;
    von einer erhöhten Position (Tisch, Kasten) auf die Kugel übersteigen; auch spielerisch kann die Kugel benutzt werden, z.B. pantomimisches Schieben einer »festgewachsenen« Kugel.

- *Mit Geräten:*
  - auf der Kugel laufen und Gymnastikbänder schwingen oder Teller drehen, etwas auf einer Hand balancieren, jonglieren
  - mit der Kugel über eine Rampe auf ein Podest rollen oder über eine Wippe rollen
  - Seilchenspringen auf der stehenden Kugel.

5. Feuer – fire – Feurio

a) Das Feuerspucken

Immer wieder werden wir von Veranstaltern und Kindern bei Aktionen gefragt, ob wir auch was mit Feuer machen. Die Kinder interessiert in diesem Zusamenhang vor allem das Feuerspucken, etwas, was sie von anderen Kindern gesehen oder schon selbst ausprobiert haben. Oftmals wissen sie auch schon, daß Kinder es mit Mehl oder einem besonderen Pulver (Bärlappsporen) machen können. Wir haben unsere Probleme mit dem Feuerspucken und möchten diese hier erläutern.

Feuer ist Atmosphäre: warm, anheimelnd, ergreifend, geheimnisvoll, archaisch. Es rührt an unsere Urinstinkte. Von den flammenden Feuerzeugen und dem Wunderkerzenmeer bei der Ballade im Rockkonzert über die Kerzen am Weihnachtsbaum bis zu Fackelmarsch und brennenden Kreuzen bei Rechtsradikalen und Klu-Klux-Klan reicht die Symbolwirkung des Feuers.

Das *Arbeiten mit Feuer ist ein Effekt*, der seine Wirkung und Faszination vor allem aus eben jenem Atmosphärischen zieht. Es zu besitzen und zu beherrschen war der Traum der Urvölker, und seine letztendliche Nutzung ist verbunden mit Krieg, Tod und Verwüstung genauso wie mit industriellem Fortschritt, Ernährung und dem Leben überhaupt, ist doch der Feuerball Sonne unserer Lebensenergie.

Wer will es dem Kind also übelnehmen, wenn es dieses Element Feuer auch erfahren will.

Wie bei allen Künsten, deren primäre Faszination vor allem auf einem Effekt beruht (das Schwarz-Licht-Theater sei hier als ein weiteres Beispiel genannt), so sehen wir auch in der Anwendung von Feuer nur dann einen Sinn, wenn es über den Effekt hinaus mit künstlerischen Mitteln bereichert wird. D.h., die Kunst des Feuerspuckens ist nur dann *präsentationswürdig*, wenn die Technik in einem entsprechenden Programm, einer entsprechenden Nummer eingebettet ist; und so wird die Feuerartistik auch in der Gaukelei genutzt.

Die Technik des Feuerspuckens an sich ist bei geringem Trainingsaufwand kein Problem und für fast jedes Kind schnell erlernbar. Doch uns graut es bei dem Bild einer Schlange von 15 Kindern, die, da sie ja alle Feuerspucken gelernt haben, auf die Bühne wandern – Mund auf – Pulver rein – Luftdurch die Nase holen – Pulver raus – und ein mehr oder weniger beachtlicher Feuerball vergrössert die Flamme der Fackel, in die gespuckt wurde. Spätestens nach dem fünften Kind ist der Effekt für den Zuschauer verbraucht, die Faszination verflogen, die Kinder um eine Illusion ärmer: »Pah!! – Feuerspucken kann ja jede(r)!«.

Was heißt das nun für den Einsatz des Feuerspuckens im Gaukelprogramm? Nun, wir sind gerne bereit, jedem Kind, das das notwendige Alter (ab ca. 7 Jahre) und Verständnis für das Element Feuer und dessen Gefährlichkeit hat, das Feuerspucken mit z.B. Mehl zu vermitteln. Doch sollte die Technik an sich nicht Bestandteil einer *Massennummer* sein. Es müssen ja nicht alle, die's Spucken gelernt haben, auch damit auftreten:

Wenn in einer Feuernummer z.B. zwei Kinder den Feuerreifen durch Anspucken entzünden, ist dies ein prächtiges Bild, doch wenn *alle* spucken … das Bild wäre zerstört.

b) Feuerliche Ideen

Neben dem Feuerspucken gibt es noch andere interessante Möglichkeiten, Feuernummern zu kreieren. Doch bevor begonnen wird, ist zu klären, ob in den Räumlichkeiten, in denen die Aufführung stattfinden soll (und natürlich auch in den Probenräumen), überhaupt mit Feuer gearbeitet werden darf, denn sonst ist der Frust der ArtistInnen unübertroffen.

Feuerrechtliche Bestimmungen, Sprinkleranlage, Rauchmelder… und die Art der Dekoration sind zu beachten. Denn so atmosphärisch schön eine Manege mit echten Sägespänen und Strohballenumrandung ist, mit Feuer vertragen sich diese Accessoires nur unzureichend.

➤ Ein immer gern benutztes Bild ist der *brennende Feuerreifen* als Abschluß für die Tiernummer. Gerade für kleinere Kinder ist diese Präsentation ein Erlebnis, da sie normalerweise nicht so dicht mit Feuer in Kontakt kommen. Dementsprechend hoch ist der Respekt vor dem heißen Element. Das Durch-den-Reifen-krabbeln, das »trocken« ganz gut gelaufen ist, bekommt mit Feuer eine ganz andere Dynamik.
Wichtig ist, daß Kindern, die jetzt plötzlich doch nicht durch den Reifen wollen, ein fairer Ausstieg aus diesem Nummernteil gegeben wird! Es müssen nicht alle unterm Feuer durch und auch ein Auf-den-Bauch oder Rücken-legen und Sich-vorsichtig-durchschieben ist nicht blamabel!

➤ Eine Variante des Feuerreifens ist der (auch für ältere Kinder und Jugendliche interessante) *Limbodance*, bei dem zu brasilianischen Trommelrhythmen o.ä. unter einer brennenden Stange hindurchgetanzt wird. Der Nervenkitzel/die Attraktion hierbei ist, daß die Stange immer tiefer gelegt/ gehalten wird. Die *Technik* ist, daß die TänzerIn zuerst aufrecht, so nah sie sich traut, an die Stange herantritt und dann langsam in den Knien einknickt, dabei nach vorne läuft und so, immer im gleichen Abstand zur Stange bleibend, sich mit den Füßen/Knien zuerst, mit dem Kopf zuletzt unter der brennenden »Wand« durchschlängelt. [Herstellungstips für Reifen und Stange in Exkurs 2: Material-Fundus]

➤ *Wie kommt das Feuer auf die Bühne?* Aus dieser Fragestellung lassen sich ganze Nummern machen:
  – der »olympische« Fackelläufer, der durch den Zuschauerraum auf die Bühne/in die Manege kommt,
  – der Weihnachtsmann, der mit einem kleinen Tannenbaum mit brennenden Kerzen hereinkommt und sich offensichtlich in der Jahreszeit geirrt hat … aber wo er dann schon mal da ist …
  – urzeitliche Gestalten aus Fantasie-Szenarien (Fafnir, ein »feuerspeiender« Drache – Maske aus Pappmaché und Draht–, der nicht mehr Feuer speien kann und sich mit 'nem Feuerzeug aushilft; Atram, der Hüter des Feuers, der nur durch Schokolade dazu überredet werden kann, seinen Schatz für die Nummer auszuleihen; etc.

➤ Ein anderer Begriff aus diesem Metier ist der *Feuerzauber*, das Spiel mit dem Effekt des plötzlichen Erscheinens/Verschwindens von Feuer.

Einige Möglichkeiten hierzu:

- *Elektrische/pyrotechnische Effekte* gibt es oftmals in Jonglierfachgeschäften zu kaufen. Sie sind recht teuer für einmal »Pufff!!« (zwischen 2.50,– DM und 10,– DM für Zünder oder Blitze), recht problemlos zu handhaben und immer für eine Überraschung gut. Hauptproblem: die den Effekt auslösenden Kinder erschrecken sich oftmals selbst und auch kleine Zuschauerkinder sind (je nach Größe des Effektes) »schreckgefährdet«.
- *Zauberpulver* (Bärlappsporen oder Atompfeffer – pyrotechnisches Präparat) mit der Hand in eine, für den Zuschauer nicht einsehbare, Kerzenflamme werfen. Der kleine Blend-/Ablenkungseffekt kann z.B. dafür genutzt werden, daß plötzlich der (unter dem Tisch des Zauberers hockende) Feuerteufel erscheint und dem Magier eine Packung Streichhölzer überreicht.
- *Flamme löschen* mit der bloßen Hand ist ungefährlicher, als es aussieht, denn es ist (genau wie das Grundprinzip des Feuerschluckens) eine physikalische Gesetzmäßigkeit: ohne Sauerstoff brennt Feuer nicht. Schließe ich also meine Hand um eine brennende Fackel, so daß der gesamte Träger der Flamme (die Wicklung) in meiner Hand verschwindet, so ersticke ich die Flamme, da keine Luft mehr an die Wicklung herankommt. *Wichtig* ist nur, daß die Wicklung kleiner ist als die Größe der Hand, die sie umschließt!

➤ Ebenfalls in den Bereich Feuer gehören die *Fakirtechniken*, die hier jedoch nur kurz angerissen werden, da sie schon ausreichend in der einschlägigen Literatur beschrieben sind:

- *Scherbenlaufen* auf abgekochten Scherben,
- *Nagelbrett*, wobei die Nägel nicht zu weit auseinanderstehen sollten und der Fakir möglichst auf das Brett gelegt werden sollte, damit das Gewicht sich gleichmäßig und gleichzeitig auf alle Nägel verteilt,
- *Flamme/Fackel über* den Arm streichen; wird die Fackel unter dem Arm, der Hand hergeführt, muß vorher das timing geübt werden, d.h., wie lange kann die Fakirin die Flamme ertragen, ohne sich zu verbrennen, und ist das langsam genug, damit für den Zuschauer die Illusion der Schmerzunempfindlichkeit entsteht.

➤ Zum Schluß dann noch ein paar Tips zum *Feuerspucken:* Die Entscheidung, ob Feuerspucken mit in die Nummer aufgenommen wird, sollte erst dann getroffen werden, wenn die Gruppe sich schon besser kennt, die AnleiterInnen die einzelnen Mitglieder einschätzen können und die Auswahl von zwei, drei AkteurInnen für das Spucken nicht Neid, böses Blut, etc. auslöst. Die *Technik* ist dann schnell gelernt:

- Erst einmal mit Wasser das *Sprühen* eines feinen Nebels üben. Anweisungen hierzu: »Preßt die Lippen fest *auf*einander, atmet durch die Nase ein und prustet dann so lange, wie ihr Druck genug aufbauen könnt, daß euch das Wasser nicht den Hals runterläuft.« Hierbei wird immer darauf geachtet, daß mit dem Wind gespuckt wird. Die wartenden Kinder stehen beim Spucken hinter dem/der AnleiterIn, der/die die »Fackel« hält.

- Dann kommt die »Geschmacksprobe«, das *Spucken* mit Mehl. Ein gut gehäufter Eßlöffel voll mit dem staubigen Zeug verschwindet kurz vor dem Spucken im Mund (zu früh oder zu wenig genommen, bilden sich mit dem Speichel schnell Bröckchen, die das Spucken unmöglich machen). Luft holen durch die Nase und mit Druck in den oberen Teil der Flamme, dort wo sie am heißesten ist, spucken. Je feiner der Staubball, desto beeindruckender die Mehlstaubexplosion. (Bestimmte Trinkschokolade-/Kakaosorten lassen sich ebenfalls zum Spucken verwenden … ausprobieren!)

- Für die Aufführung können dann *Bärlappsporen* (aus der Apotheke, mit entsprechendem Preis) benutzt werden, mit denen das Spucken nahezu garantiert gelingt, da dieser feine Staub sich sogar entzündet, wenn man ihn ins Feuer wirft oder von der flachen Hand aus in eine Kerze pustet. (Nicht ganz gesichert ist, inwieweit die Sporen gesundheitsunschädlich sind.)

➤ Am Anfang haben wir davon geschrieben, daß *Feuer und Atmosphäre* eng miteinander verknüpft sind. Hier nun noch zwei Möglichkeiten, Feuer gerade hierfür einzusetzen:

- *Fackel-Schwingen* (Swinging) ist eine Jongliertechnik, bei der die AkteurIn zwei Fackeln in je einer Hand hält und damit dann Kreise und andere Muster um ihren Körper beschreibt. Die Fackeln können dabei gegenläufig, parallel geschwungen, von rechts nach links gependelt oder einfach nur in verschiedene Posen mit dem Körper gebracht werden. Eine ansprechende Musik ist hier wesentlicher Bestandteil.

- *Szenenbeleuchtung* möchten wir die Form nennen, bei der das Feuer ausschließlich zur Illumination einer anderen Darbietung benutzt wird, z.B. um einen orientalischen Schleiertanz ins flackernde Licht zu tauchen. Szenen, denen eine derartige Atmosphäre gut zu Gesicht steht, wären:
  - orientalisches Ambiente (Tanz, Fakire …)
  - afrikanische/südamerikanische Feste mit Trommeln und Feuer (Limbodance, Swinging …)
  - der Held in der mittelalterliche Folterkammer … (Fakirtechniken als Folterungen, die der Held natürlich alle übersteht)
  - Hexenmeister und Magierin brauen den Zaubertrank am Blocksberg … (Tanz um den Kessel).

Zum Schluß dieses Kapitels nun noch ein paar *Grundsätzlichkeiten zum Umgang mit Feuer*, die vor allem bei der Gestaltung der Aufführung zu berücksichtigen sind:

- Ruhe und Gelassenheit!!! beim Umgang mit diesem Element,

- für Unfälle Baumwolltücher in Reichweite und Decke hinter der Bühne bereithalten (kein Wasser); (Pulver oder Schaum) Feuerlöscher in der Nähe,

- keine flatternden und möglichst keine Nylon- oder ähnlich leicht entflammbare Kostüme,

- die Gänge und Übergaben mit Feuer sehr oft im Ablauf, erst trocken und dann unter »Echt«-Bedingungen, proben (verringert Nervositätsfehler und damit Brandblasen),

- Requisiten exakt bereitlegen,

- *nicht über* dem Feuer agieren (z.B. drüberspringen) sondern immer unter der Flamme bleiben,

- Nummern so bauen, daß feste Strukturvorgaben enthalten sind, auf deren Einhaltung man sich berufen kann und die von allen akzeptiert sind (z.B. bei einem Tanz: alle halten eine Fackel in der linken Hand, sehen ihrem/r VorgängerIn in den Rücken und halten sich mit der rechten Hand an einem Gymnastikreifen fest).

6. What goes up, must come down – Jonglieren

Vielen Kindern ist das Jonglieren als Circus-attraktion bekannt. Weniger bekannt ist ihnen allerdings oft, wie schwierig das Training auch schon am Anfang ist. Jonglieren stellt eine hohe Anforderung an die *Konzentrationsfähigkeit und Ausdauer* der Kinder. Will man dem Wunsch nach klassischer Jonglage mit drei Gegenständen nachkommen, so ist das meist eine Überforderung, wenn man nur eine begrenzte Zeit (z.B. eine Ferien-Circus-Woche) zur Verfügung hat. Im klassischen Circus oder auch im Varieté ist die Präsentation von Höchstleistungen vorrangig und gerade im Jonglieren stark darauf reduziert: Tempojonglage, Numbers-Juggling (sehr schnell oder mit so vielen Gegenständen wie möglich), etc., oder gar die Kombination verschiedener Künste werden vorgetragen. Realistisch ist dies für Kinder nur mit *kontinuierlicher Arbeit* über einen längeren Zeitraum, z.B. in einem Schulprojekt oder einer festen Circusgruppe im Jugendheim o.ä. zu erreichen.

Für *Kurz-Projekte* oder Situationen, wo ein schnelles Erfolgserlebnis gefordert ist, bieten sich je nach Alter folgende differenzierende Vorgehensweisen an.

a) Das klassische Jonglieren mit Bällen, Ringen, Keulen und Tüchern

➤ Ab ca. 10 Jahren möglich: *Einführung in die Dreiballjonglage*
U.U. mit Tüchern; aber nur bedingt, da die Tücher dem Erlernen des Jonglierens durch ihr spezielles, unexaktes Fangen und Werfen entgegenarbeiten; um Erfolgserlebnisse für Ballübende (Kaskade) zu vermitteln, ist das Jonglieren mit Tüchern zwischendurch durchaus zu vertreten.
Auswahl-/Beurteilungskriterien für die Möglichkeiten, im Jonglieren weiterzukommen, sind das Fangen

und Werfen mit einer, der gleichen Hand. Für bessere Fangergebnisse u.U. die Ballgröße reduzieren.

Weiter als zur normalen Kaskade/Dreier, vielleicht noch mit 1-Ball-Überwurf außen, wird man (in einer Woche) jedoch meist nicht kommen.

Eine schöne Vereinfachung ist das Jonglieren von *3 Bällen nebeneinander zu zweit*. Hier sind auch in kurzer Zeit mit etwas Übungseifer erstaunliche Tricks möglich.

➤ *Reduktion der geworfenen Gegenstände*, aber mit Tricks: z.B. 2 Personen passen mit 2 – 3 Keulen (Zuwerfen ohne/mit Drehung), Tempo variieren (z.B. in Abhängigkeit von Musik), zwischendurch Drehung um die eigene Achse, unterm Bein herwerfen …

➤ *comedy-Tricks:*
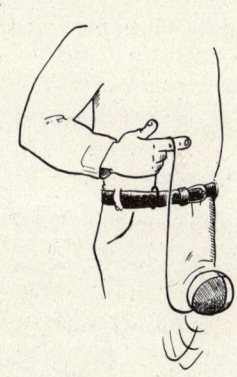
  – zusammengenähte Bälle (z.B. 1 x 2 und 1 x 3 für 5-Ball-Jonglage),
  – Ball on a string: ein Bean Bag wird an ein schwarzes Gummiband genäht und an der Hose befestig. Wenn der Ball nun auf den Boden fällt, schnellt er plötzlich wie von Geisterhand wieder zurück in die Hand des Jongleurs,
  – »fake«-Würfe, d.h., so tun als ob man den Ball wirft, ihn aber festhalten und nur mit dem Blick dem imaginären Flug folgen …

➤ *Feeding/Passing* mit mehreren, wobei der »Kopf« von einer *AnleiterIn* gebildet wird, die gut Jonglieren kann, so daß sie die »Katastrophen«, die von den Kindern kommen, noch verarbeiten und wieder in den Kreislauf einbringen kann. Die Anzahl der wandernden Keulen, Ringe oder Bälle ist variabel, je nach Fangfähigkeiten der Kinder. [Jongliermuster siehe Zeichnung.]

➤ Die *Becher-Jonglage:* Bei Kindern, denen das Fangen besonders schwerfällt, ist der Einsatz von großen Joghurtbechern o.ä. eine Lösungsmöglichkeit. In jeder Hand ein solcher Becher und so kann mit bis zu 2 Bällen jongliert werden. Zu mehreren Leuten kann sich hier ein wildes Zielen und Fangen in verschiedenen Rhythmen und Mustern ergeben.

➤ Bei kleineren Kindern: *Kombination von Jonglage und Tanz* (besonders geeignet für Tücher und Ringe/Reifen). Die Kinder brauchen dabei die Tücher nicht immer zu werfen, sondern können sie auch schwingen, wedeln. Auch ein wilde »Alle-werfen-hoch-Aktion« im Kreis, wobei nichts auf den Boden fallen und jede(r) jedes Tuch wieder hochwerfen darf, gibt ein schönes Bild ab. »Wie ein Springbrunnen« war der Kommentar eines Zuschauers. Die Reifen können auch um Hand(gelenk) oder Arm gedreht werden. Schon schwieriger ist das Drehen eines Reifens um den Fuß oder gar das In-Bewegung-halten von mehreren Reifen.

➤ *Wenn's denn etwas mehr sein darf:* Auch eine Möglichkeit, die Fangprobleme zu umgehen, ist die Nutzung großer Bälle: von Bällen in Fußballgröße bis hin zu großen Gymnastikbällen (wobei letztere nur mit Anstrengung zu bändigen sind). Mit zwei älteren Kindern kann (auch mit Zwischendozern) versucht werden, im Jongliermuster Kaskade die Bälle miteinander auszutauschen. Das größte Problem hier ist der Start; wenn eine dritte Person mithilft, ist er etwas zu vereinfachen.

b) Das Diabolo

Ein bei Kindern besonders erfolgreich einsetzbares Gerät ist das aus China stammende Diabolo. Innerhalb kürzester Zeit lassen sich hier schon die ersten Erfolge verbuchen, wenn man einige Grundlagen beachtet.

Das Material

Der wichtigste Hinweis ist: Kauft keine kleinen Diabolos (unter ca. Ø 7 cm)!! Ein Diabolo mittlerer Größe (ca. Ø 8,5 – 11 cm) kostet nur ca. 15,– DM mehr, das große (ca. Ø 14 cm) ca. 30,– DM mehr und hat soooviel mehr Möglichkeiten, da es wesentlich leichter zu fangen, wesentlich einfacher auf Geschwindigkeit und damit stabil zu halten und auch bei großer Entfernung zur Bühne vom Zuschauer immer noch zu erkennen ist. Das höhere Gewicht tut nach unseren Beobachtungen dem Übungseifer der Kids keinen nennenswerten Abbruch.

Die chinesischen Sounddiabolos sind bei uns nur in einer Version erhältlich, aus Hartplastik. Die Geräte sind sehr schwer anzudrehen und auszubalancieren und für Kinder kaum auf die Geschwindigkeit zu bringen, die den begehrten Ton erzeugt. Außerdem ist es sehr schmerzhaft, von ihnen getroffen zu werden.

Die Treibriemen sollten nur so lang sein, daß die Diabolos bei waagrecht gehaltenen Stäben (ca. schulterbreit auseinander) nicht den Boden berühren (ca. 10 – 15 cm vom Boden beim waagrechten Halten der Treibstöcke). Durch Aufwickeln/«Überschlaufen» der Seile an den Treibstöcken sind diese bequem zu kürzen (und hinterher wieder zu verlängern), ohne das Messer zur Hand nehmen zu müssen … Da die Schnüre öfter ausgetauscht werden (gerissen oder sehr stark verknotet), sollte man sich ausreichend Ersatz (Meterware) bereitlegen[1].

Das Antreiben

Das A und O des Diabolospiels ist eine gute Antriebstechnik. Je sauberer das Gerät angedreht wird, desto früher, ohne umständliches Korrigieren, kann ich Tricks machen, und je schneller es sich dreht, desto sicherer bleibt es in der Spur, und die Tricks gelingen besser. Ich treibe das Diabolo aktiv nur von einer Seite an, als *RechtshänderIn* also von rechts. Die nebenstehende Zeichnung veranschaulicht den Ablauf:

➤ *Start:* Das Diabolo liegt auf dem Boden; ich habe den rechten Treibstab ganz tief, unten am Gerät; ich

---

1 geflochtene, grobe Baumwollschnüre eignen sich gut (griffig), reißen aber schnell; Kevelarschnüre aus dem Drachenbau oder geflochtene Nylonschnüre können auch verwendet werden, sie reißen nahezu nicht, sind dafür aber recht glatt und erfordern gute Andreh- und Korrekturkenntnisse.

ziehe den rechten Stab langsam und gleichmäßig so hoch, daß das Diabolo über den Boden rollt, aber nicht abhebt (der linke Treibstab geht in gleichem Maße zum Boden, wie ich den rechten hochziehe); erst wenn das Diabolo fast links am Ende der Schnur angekommen ist, ziehe ich die rechte Seite zügig nach oben, so daß das Gerät vom Boden abhebt …

➤ *Antrieb:* Nun dreht sich das Diabolo schon etwas, aber noch nicht genug; ich treibe jetzt also mit weiteren kräftigen Zügen des rechten Stabes das Gerät an; den linken Stab ziehe ich nach jedem rechten Zug langsam und ohne Kraft hoch (zurück), so daß das drehende Teil weder den Boden berührt oder die Höhe verändert noch zu Springen beginnt. Nun befinde ich mich wieder in der Ausgangslage …

1. Phase – schnell (mit Kraft)　　　2. Phase – langsam (ohne Kraft)

➤ *Einschlaufen:* Soll es noch schneller drehen, so kann ich das erreichen, indem ich die Schnur jetzt einmal um den Metallkern des Diabolos wickle. Dazu ziehe ich den rechten Stab, nachdem ich gerade angetrieben habe, in die Mitte, nach innen und unter dem Diabolo wieder nach außen.

Wenn ich jetzt weiterarbeite wie bisher, dreht sich das Diabolo schneller und schneller. *Achtung!* – Das Gerät muß wieder »ausgeschlauft« werden (denselben Weg rückwärts, wie beim »Einschlaufen«), bevor die Geschwindigkeit so groß wird, daß sich das Diabolo am Seil hochzieht und verwickelt.

Das Korrigieren

➤ *Wenn's nach vorn oder nach hinten kippt*
Wenn der Teufelskreisel nicht gleichmäßig angetrieben wird, kann es passieren, daß er nach vorne oder nach hinten kippt und dann irgendwann von der Schnur fällt. Das kann verhindert werden, indem der Kippbewegung mit der treibenden Seite entgegengearbeitet wird, d.h., ein/e RechtshänderIn treibt das Gerät, wenn es nach hinten kippt, so weiter an, daß sie beim Treiben die vordere Halbschale mit der Schnur berührt, d.h., den rechten Treibstab vom Körper weg nach vorne bewegt. Kippt das Teil nach vorne, zieht sie mit dem Treibstab nach hinten die Schnur über die hintere Halbschale [siehe Zeichnung].

Tricks

➤ *Der Hochwurf*

ist der einfachste und beliebteste Trick bei Kindern. Wichtige Voraussetzung ist ein sich schnell drehendes Diabolo, damit es am Ende der Flugphase noch genug Drive hat, um stabil auf der Schnur zu bleiben: Also nicht zu früh werfen!

Ein zweiter Tip betrifft das Fangen. Habt keine Angst vor der Höhe. Zieht die beiden Stäbe kräftig, V-förmig nach oben, auseinander, so daß das Gerät ordentlich nach oben schnellt. Nun habt ihr Zeit, unter das fliegende Diabolo zu treten und es mit eurem Treibstab anzupeilen [Zeichnung].

Wenn der Teufelskreisel nun wieder herunterkommt, fangt ihr ihn mit gestrecktem Arm nahe des Treibstabendes auf und holt ihn dann, durch Senken des Armes geführt, runter, um sofort mit dem Treiben (und Korrigieren) weiterzumachen.

Wenn ihr das Werfen und Fangen einigermaßen beherrscht, könnt ihr euch die Teile untereinander zuwerfen. Beim

➤ *Zuwerfen* müßt ihr darauf achten, daß der Fänger das Diabolo auch mit der richtigen Drehrichtung bekommt. Beispiel: eine Rechtshänderin und

ein Linkshänder können sich ohne besondere Schnur und Treibstabhaltung nur voreinanderstehend (face-to-face) oder Rücken-an-Rücken (über Kopf) das Diabolo zuwerfen.

➤ *Die Handstockbalance*

Das sich schnell drehende Diabolo wird mit der Schnur auf einen Treibstock gelupft und dort balan-

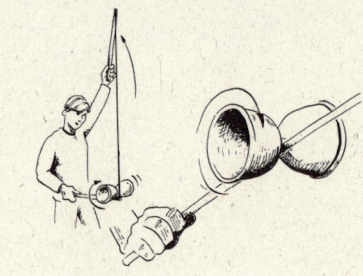

Die Handstockbalance

114

ciert. Kurz bevor es zu langsam wird, hebt man das Treibstabende einfach entsprechend an, und das Diabolo rutscht wieder auf die Schnur zurück, ready for driving.

➤ *Der Fußhüpfer*
Dieser Trick ist quasi ein kleiner Wurf über ein Hindernis (hier der Fuß; es geht auch mit dem Oberschenkel, dem Oberarm oder dem ganzen Körper). Ich stehe auf einem Bein und halte den freien Fuß auf die Schnur. Mit jedem Antreibzug »hebe« ich das Diabolo jetzt über das Hindernis und lasse sofort die Schnur locker. Das Gerät kann so unter dem Fuß wieder auf die Treibseite laufen, und »zupp!!«, ich treibe, und erneut springt es über den Fuß … Für Kinder genügt für den Anfang erst einmal ein Hüpfer.

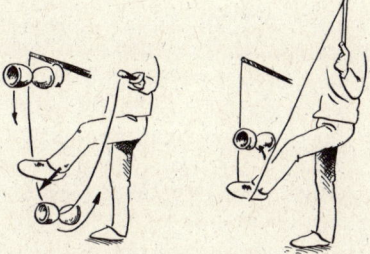

Der Fußhüpfer

➤ *Das Einwickeln*
Hierbei pendle ich das Diabolo erst leicht nach rechts und dann mit einem größeren Schwung zurück, unter dem linken Treibstab durch. Die Schnur wickelt sich jetzt um den linken Treibstab und das (immer noch in der Schnur laufende) Diabolo fällt von oben wieder auf die Schnur. Wenn ich das Teil jetzt genau so wieder zurück« entwickle«, habe ich genug Schwung, um den gleichen Trick jetzt auf der rechten Seite zu machen (gesetzt den Fall, das Diabolo hat noch genug speed, um stabil zu laufen).

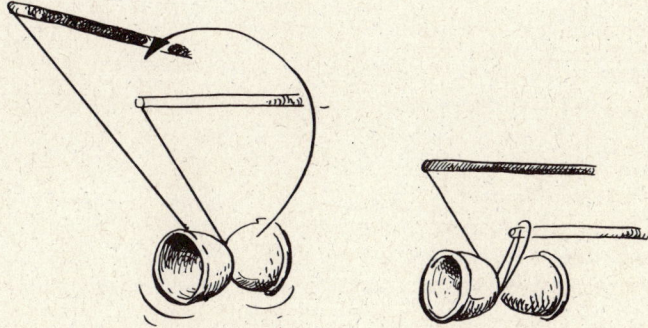

c) Das Tellerdrehen

Das wohl am häufigsten bei Kindern eingesetzte Jongliergerät sind die Teller. Sie sind für ältere wie jüngere Kinder, sogar für Erwachsene, eine Herausforderung und sowohl als farbenfrohe Ergänzung in anderen Nummern als auch als eigene Darbietung einsetzbar. Und gerade weil die Teller mittlerweile einen so hohen Bekanntheitsgrad haben, ist die Präsentation dieser Geräte, die spielerische Einbindung oder das choreographisch gestaltete Bild das wesentliche Kriterium beim Bau der Nummern mit diesem Jonglierrequisit.

Das Material

Etwas zu den Tellern:
Bekannt sind die Plastikteller mit konischer Mitte, die im Jonglierbedarf erhältlich sind. Preislich liegen sie bei ca. 12,– DM (incl. Stab). Um die Wirkung in der Darbietung zu erhöhen, vor allem aber damit überhaupt gesehen wird, daß sie sich drehen, ist eine *einfache Dekoration* sinnvoll (z.B. zwei Streifen dünne Glitzerfolie an der Außenseite der Teller, symmetrisch angebracht, damit keine Unwucht entsteht).

Eine schwierigere Variante (chinesische Version) ist die Verwendung von unzerbrechlichen Plastiktellern (z.B. Campinggeschirr) mit einem »guten« Rand am Boden. Mit Gaffa- oder anderem Gewebeband kann eine »Bremse« an jenem Rand installiert werden, wo dann der Stab angesetzt wird. Das Andrehen erfolgt wie bei den konischen Tellern, nur daß der Stab nicht in die Mitte geführt werden kann. Die Drehbewegung muß somit permanent ausgeführt werden. Lange, flexible Stäbe erleichtern hier die Arbeit.

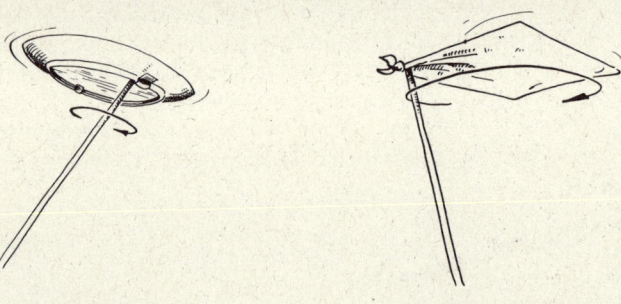

Chinesische Version   Tücherdrehen

Auf dem gleichen Prinzip beruht die Technik der fliegenden Decken oder Tücher. Ein quadratisches Tuch wird an einer Ecke beschwert (einfachste Möglichkeit: einen Knoten reinmachen oder etwas wie eine Schraube oder Bleiband annähen). Nun kommt ein stumpfer Stab in die Nähe dieser Ecke, und beim normalen Andrehen stellt sich das Tuch dann bald auf und »fliegt«.

Etwas zu den Stäben:

Für die (Antreib-)Stäbe eignen sich am besten leichte Holzstöcke, die so dick (ca. 8 – 9cm) sind, daß sie sich beim Antreiben nicht verbiegen (hin- und her»schwabbeln«). Für die Kunststücke sollten dann verschiedene Längen da sein. (Zum Andrehen der konischen Teller eignen sich die langen Stäbe nur bedingt, da sie sich meist durch ihre Flexibilität dem Nach-innen-Führen widersetzen.) Eine entsprechende farbliche Gestaltung ist zum einen schön anzusehen, zum anderen sind die Längen dann beim Auftritt schneller auseinanderzuhalten.

Werden beim Auftritt *Stäbe in der Dekoration* befestigt, so dürfen sie nur locker angebracht werden. Am besten nimmt man ca. 15 cm lange unten geschlossene Röhren mit Ø ca.10 mm, die fest angebracht werden. Die Stäbe steckt man dann locker hinein. Grund: ein fest fixierter, starrer Stab wirft den Teller einfach wieder ab, die Wirkung ist verfehlt.

Das Andrehen

Es gibt drei gebräuchliche Arten, die (konischen) Teller anzudrehen. Die beiden ersten sind auch von kleinen Kindern meist ohne Schwierigkeiten zu erlernen. Die dritte, »professionelle« Art ist problematisch, da meist schwer vermittelbar ist, was es heißt, ein lockeres Handgelenk zu behalten.

1. *Andrehen von oben*

Hierbei wird der Teller mit der konischen Wölbung auf den kurz, im oberen Drittel, gehaltenen Stab gelegt und dann von oben mit gespreizten Fingern so auf den Teller gegriffen, als ob man einen größeren Ball mit einer Hand aufheben würde. Mit leichtem Druck und einer schnellen Drehung dieser Hand wird der Teller nun beschleunigt. Die dadurch erreichte Geschwindigkeit ist nicht sehr groß, aber sie stabilisiert den Teller schon soweit, daß er z.B. einmal weitergereicht werden könnte.

2. *Andrehen von der Seite /»Anschlagen«*

Genau wie bei der ersten Methode wird der Teller auf den Stab gelegt, mit der Spitze des Stabes in die konische Wölbung. Nun halte ich den Stab so, daß sich der Teller ungefähr in Augenhöhe befindet. Mit den Fingern der freien Hand »schlage« ich nun gaaanz vorsichtig außen gegen den Tellerrand kaum berührt,

fast an ihm vorbei. Je mehr sich der Teller dreht, desto schneller und kräftiger kann ich »schlagen«. Mit etwas Ausdauer können hier schon beachtliche und damit trickfähige Geschwindigkeiten erreicht werden.

3. Das »professionelle« Andrehen

Bei dieser Methode wird der Teller mit dem breiten Rand an den Stab gehängt. Der Antriebsstab steht dabei senkrecht in der Innenfläche der Hand, ungefähr da, wo der Ballen eine Falte bildet. Dann hebe ich die Hand ca. auf Augenhöhe (Stab immer noch senkrecht) und beschreibe mit der Spitze des Stabes einen Kreis in der Luft. Dieser Kreis ist ungefähr so groß wie der Rand am Tellerboden, an dem der Stab anliegt. Der Teller eiert jetzt und beginnt sich mit immer schnellerem Stabdrehen aufzurichten. Wichtig ist, daß das Handgelenk beim Drehen immer locker bleibt, sonst drehen sich nämlich nicht Stab *und* Teller, sondern nur der Teller um den starren Stab. Und sobald ich Aufhöre zu drehen, fällt der Teller wieder in die Ausgangslage zurück.

Diese Technik ermöglicht sehr fix schnelles Andrehen, was bei Aufführungen vor allem mit vielen Teller gefragt ist. Um bei Tellernummern also unnötige, für Zuschauer und ArtistInnen gleichermaßen unerfreuliche Andrehpausen zu minimieren, ist es sinnvoll, daß mindestens ein(e) AnleiterIn diese Technik beherrscht und in Maßen unterstützend einbringen kann. Und auch bei den Proben macht es mehr Spaß, wenn der ein oder andere Trick schon mal trainiert werden kann, obwohl das Andrehen noch nicht richtig sitzt.

Trickkiste

Die Technik der Tricks ist nicht problematisch und muß daher nicht großartig beschrieben werden. Das Anliegen dieses Kapitels ist somit, eine Vielzahl von Anregungen aufzuführen, damit den Tellerdrehnummern nicht der Schwung ausgeht. Als Massennummer sollte die AnleiterIn denn auch eher einen spielerisch-choreografischen Ideenpool als ein möglichst hohes Trickwissen haben.

Los geht's:
1 Teller und 1 bis viele Personen; 2 Teller und 1 bis viele Personen …
– viele Stäbe in einer Hand; gehen und Hindernisse
– abnehmen und übergeben: die Reihe/Kette; auf Tempo zu zweit;…

Merke! Wenn die NehmerIn übernimmt, hebt sie den Teller leicht an, während die TrägerIn gleichzeitig ihren Stab nach unten wegführt;

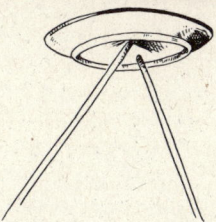
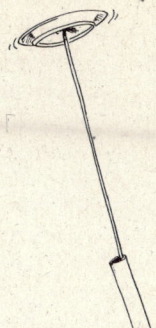

- überwerfen; hochwerfen; hochwerfen mit Stabdrehung (hierbei sind beide Seiten des kurzen Stabes angespitzt);
- balancieren auf verschiedenen Körperstellen;
- Stab im Mund-Balance;
- um den Körper, hinterm Rücken her führen;
- Rolle vorwärts/rückwärts/seitwärts;
- zwei Teller aufeinander;
- Teller ab›legen‹ (Befestigung von Stäben in der Dekoration [siehe S. 117 Stäbe]; Pin auf Hut; Gestell mit vielen Stäben);
- Zeltgestänge für die unendliche Stabverlängerung;
- der schwankende Stab (ein langer dünner Stab, auf dem ein Teller von der einen zur anderen Manegenseite schwankt);
- Teller auf Fingerspitze (z.B. von Zuschauer);
- Kopfstand machen und Stab mit den Füßen halten.

Tobi und eine Art Jonglieren

Tobi ist ein Junge von fünf Jahren. Von Anfang an war für ihn klar: »Ich will Jonglieren und nichts anderes!« Kein Problem, er wird sich schon irgendwie in eine Tellerdrehnummer oder sonstwie einbauen lassen, dachten wir AnleiterInnen, doch es kam anders. Balljonglage war sein Ding, aber fangen konnte er a) nur große Bälle b) nur beidhändig und c) nur einen, wenn er genau von oben kam, d.h., er ihn selbst senkrecht in die Luft geworfen hatte.

Zu anderen Tätigkeiten ließ er sich kaum bewegen, bastelte von Zeit zu Zeit an einem Bauchladen, war nörgelig oder einfach nur im Weg. Ihn in der Jongliernummer einzubauen war nicht möglich, da er nicht trainieren oder proben wollte, sondern lieber umherstrolchte und bei den unterschiedlichen Gruppen zuschaute. Die Eltern sagten, er sei völlig begeistert vom Circus und erzähle zu Hause oft und lang, was er alles erlebt und gesehen hatte.

Der Tag der Aufführung nahte, und Tobi brachte sein Jonglierrequisit mit: einen einfachen schwarz-weiß gemusterten Plastikfußball. Auf die Frage, ob er uns seine Nummer nicht mal vorführen wolle, sagte er, er brauche nicht zu proben, er könne seine Sachen schon. Auch mit dem Namen für sich und seine Nummer war er schnell bei der Hand: »Tobi und eine Art Jonglieren«, so sollte seine Ansage sein.

Vorführung: die Jongleure hatten gerade ihre Diabolonummer beendet, und das Publikum applaudierte. Die Direktorin sagte Tobi an, wie gewünscht, doch nichts geschah. Ich stand nahe am Vorhang und brauchte mehrere Versuche, um ihn auf die Bühne zu holen. Ein Scheinwerfer flammte auf, als er hinaustrat …, und Tobi rührte sich nicht mehr. Er starrte in den Lichtschein und ins Publikum und stand fest mit seinem Ball in der Hand. Wieder ein paar aufmunternde Versuche, ihn zum Agieren zu bewegen, und Tobi begann. Weiter geradeaus in den Scheinwerfer (oder besser ins Leere) schauend, warf er den Ball fast mechanisch in die Höhe … und fing, in die Höhe … und fing … Nach ca. vier fehlerfreien Versuchen und Applaus vom Publikum deutete eine Mitjongleurin an, er müsse nun was anderes machen oder aufhören und sich verbeugen … Tobi starrt nach vorne, paralysiert, und warf und fing … »Hey, Tobi!« flüsterte ich eindringlich, »aufhören und dich verbeugen…!« – Er warf hoch und fing, warf hoch und … verbeugte sich … der Ball kam wieder herunter und traf ihn am Hinterkopf, so daß er über den Vorhang hinter Tobi sprang und verschwand … Tobi beendete seine Verbeugung und schaute verwundert nach oben, warum denn der Ball nicht wieder runter kam. Wie selbstverständlich verbeugte er sich dann noch einmal und verließ die Bühne. Das Publikum tobte … und forderte Zugabe!

Tobi ließ sich zu einem Seillauf über eine Zauberschnur bewegen und dabei einen Teller auf einem langen Stab zu balancieren. (Die Nummer hatten wir mit viel Überredungskünsten noch am letzten Tag mit ihm eingeübt.) Ohne den Teller und Stab nur eines Blickes zu würdigen (er schwankte gefährlich in alle Richtungen, aber der Teller fiel nicht herunter), schritt er langsam, konzentriert, vorsichtig und bewußt seiner schweren Aufgabe über das 2 m lange »Seil«. Knisternde Spannung! Am Ende verbeugte er sich zu tosendem Applaus, wobei der Teller vom Stab fiel, und er sich noch beinahe in der Zauberschnur verhedderte. Dann schritt er gemächlich durch den Vorhang. Ein voller Erfolg!

Wie auch in dem Beispiel zu sehen, ist es für alle Vorschläge möglich, diese Tricks in andere Präsentationen einzubinden, falls nicht genug Kinder für eine reine Jonglierpräsentation zusammenkommen (z.B. wenn nur *ein* Kind sein Ergebnis mit 3 Bällen präsentieren möchte):
– Tellerdrehen beim Circusbalken oder Seillaufen,
– 3-Ball-Jonglage in der Galleonsfigur oder als Spitze einer Pyramide (Akrobatik),
– Hutmanipulation bei Clowns oder der Conférence …
– Jonglage mit großen Gymnastikbällen vor der Laufkugelnummer.

7. Musik

Musik, wenn selbst gemacht, gesungen oder gespielt, kann mehr als nur unterstützen und begleiten. Wenn die Kinder durch die Probenräume ziehen und aus vollem Hals den Circus-Song, das eigene Circuslied oder den Schlachtruf der Gruppe skandieren, kann man hören, daß die Stimmung in der Gruppe gut ist. Und wenn der Trommelwirbel bei der Seiltanznummer die Spannung in die Höhe klettern läßt, wird die Darbietung doppelt so gern vorgeführt und gesehen.

Musik ist also in zweierlei Hinsicht als Stimmungsmacher zu nutzen: zum einen, um die Gemeinschaft der Artisten zu stärken, zum andern, um die Darbietungen »stimmungsvoll« zu gestalten. Darüber hinaus sind rhythmisch-musikalische Elemente in Spielaktion und Training gern gesehen, sei es, um Aufmerksamkeit und Konzentration zu fördern, oder sei es, um sich schlichtweg auszutoben und sich etwas von der Seele zu schreien.

Es bieten sich verschiedene Möglichkeiten an, (auch mit allen gemeinsam) Musik zu machen und zu erfahren:

a) Das Mitmachlied

Ein Lied wird vorgetragen, das sowohl zum Mitsingen als auch zum Mitmachen geeignet ist. Es werden Körpergesten und Bewegungen an dazu passenden Stellen eingesetzt, die aus dem Lied eine kleine Vorführung machen. (»Bhääh, is' ja Kinderkram« hörten wir da schon – aber keine Angst, der Spaß kommt beim Machen.)

So kann in sehr kurzer Zeit eine erste gemeinsame Aktion in Szene gesetzt werden, die nach mehrmaligem Wiederholen durchaus vorgeführt werden kann, die aber auch dazu dienen kann, einer Übungszeit einen peppigen, weil konzentrierten, Abschluß bzw. Anfang zu geben. Die »straffe Struktur« (evtl. noch dadurch unterstützt, daß man das Lied einem imaginären Publikum vorsingt) bietet gleichzeitig eine Grundlage für spätere Präsentations/Showübungen, auf die man sich bei deren Erläuterung beziehen kann.

Der Circus-Song

Ein Circus wollte wandern geh'n …

Refrain: Ein Circus wollte wandern geh'n, von einem Ort zum andern,
da blieben alle Leute steh'n und schauten sich das an.

1. *Der Direktor sagte »Guten Tag«, verbeugte sich ganz tief,*
   da fiel er auf die Nase, und die war dann ganz schief.

Refrain

2. *Die Tiere flitzen flott vorbei, ein Hund spielt mit dem Ball,*
   der Tiger kommt hinzu und beißt, da gibt's 'nen großen Knall.

Refrain

3. *Ein Löwe brüllt ganz schrecklich laut, hat's Publikum erschreckt,*
   dabei hat sich der Löwe nur, gaaanz doll ausgestreckt.

Refrain

4. *Ein Jongleur wirft einen Ball ganz hoch, bis in den Himmel rein,*
   da rauft er sich die Haare und stellt sich auf ein Bein.

Refrain

5. *Der Zauberer greift in die Luft und holt ein Tuch herbei,*
   dann öffnet er die Hand im Nu und hat darin ein Ei.

Refrain

6. *Der Clown sieht heut' sehr fröhlich aus, er hat zu große Schuh',*
   drum humpelt er auf einem Bein und stolpert noch dazu.

Refrain

7. *Artisten turnen kreuz und quer, die eine hat 'nen Zopf,*
   sie klettern über'nander her, das Publikum steht Kopf.

Refrain

Die Gesten und Bewegungen zu dem Lied sollten recht klar und einfach gehalten sein; z.B. hier im Refrain:

... Wandern ...	auf der Stelle laufen
... einem Ort zum Andern ...	rechts Daumen nach außen zeigen/ links Daumen nach außen zeigen
... Leute steh'n ...	Arme in Hüfte stemmen
... sahen sich das an ...	Hand über die Augen, nach vorne beugen.

b) Das eigene Circuslied

Nach bekannten oder selbst erfundenen Melodien wird ein Lied kreiert, das den Namen des Circus nennt, das aber auch die tatsächlichen Inhalte der jeweiligen Aufführung beschreibt, so daß sich jede/r in diesem Lied vertreten sieht. Wie beim Mitmachlied können auch hier Bewegungen und Gesten das gesungene Wort unterstützen. Auch eine choreographisch oder inhaltliche Inszenierung kann den Reiz des Vortrags erhöhen, was aber vornehmlich sinnvoll ist, wenn es den Wünschen der Kinder wirklich entgegenkommt.

Vorsicht! Je eingängiger, desto besser. Es geht nicht um musikalische Höchstleistung, sondern um eine eingängige Melodie und verständliche Texte und eine Rhythmik, die zur Bewegung einlädt.

Lied vom Circus ZappZappzerapp

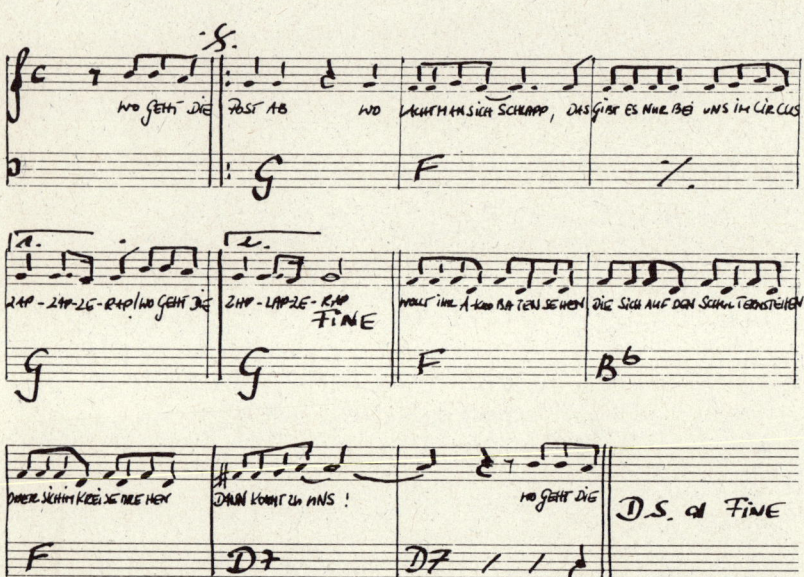

c) Der Circus-Rap

Der Name des Circus ist geboren, eine Gruppe von Artisten hat einen Namen für ihre Nummer gefunden, die Veranstaltung hat einen Titel. Daraus läßt sich nun ein Rap entwickeln, der nach dem einfachen Prinzip Vorsänger – Chor arbeitet (der Vorsänger kann natürlich auch von mehreren Kindern gleichzeitig gemacht werden). In Frage und Antwort oder einer Folge von gereimten Zeilen wird ein rhythmischer Sprechgesang gedichtet, der auch klatschend begleitet werden kann.

Hört mal her ihr lieben leute ...

für euch gibt's was besond'res heute

vor euch steht ein circus – aus fleisch und blut

und wenn ihr alle mitmacht – dann wird er gut

wir zeigen heute unser circusprogramm

mit allem was dazugehört – mit allem drum und dran

1 – 2 – 1 2 3

akrobaten fliegen wie die bälle kreuz und quer

der Stefan hat den fuß gebrochen – und will nicht mehr

jongleure jonglieren – alles fliegt

solange bis ihr knoten in den augen kriegt

die Nadja spielt den löwen – den könig der tiere

dabei ist ihr wunschtraum – königin der fakire

1 – 2 – 1 2 3

d) Der »Schlachtruf«

Eine verkürzte Form ist der »Schlachtruf«, mit dem sich die Artisten Mut machen, aus der Krise helfen oder einfach abreagieren können. Am besten nimmt die Gruppe Aufstellung wie eine amerikanische Footballmannschaft vor dem Spiel: Kreisaufstellung, Schulter oder Hüftfassung, nach vorne beugen und los! Ein Beispiel:

R a m b a z o t t i

Vorsprecher:	*Wer ist der beste Circus der Welt?*
Alle:	*R a m b a z o t t i*
Vorsprecher:	*Wer hat die besten Artisten gewählt?*
Alle:	*R a m b a z o t t i*
Vorsprecher:	*Wo lachen sich die Leute schief und krumm?*
Alle:	*R a m b a z o t t i*
Vorsprecher:	*Wer begeistert gleich das Publikum?*
Alle:	*R a m b a z o t t i*

e) Tanzende Geschichte

Bei kleineren Kindern bezieht sich »Tanzen« oft auf Hüpfen, Springen und den Wunsch, einmal als Ballerina/o im Tutu zu sein und aufzutreten. Das ist für die Kinder spaßig und für die jeweiligen Eltern auch nett anzusehen, bedarf aber für alle anderen Zuschauer einer Choreographie und für die Tänzer, als Übersetzung von Choreographie (wer kann schon griechisch), z.B. eine Geschichte. So kann man den Spaß an der rhythmischen Bewegung mit Hilfe der Ausstattung nutzen und zu einem Ganzen machen, das nach außen verständlich wird. Ein Beispiel:

Das Ungeheuer im Chinaland
Ein Tanzlied

1. Es war einmal im Chinaland, vor langer, langer Zeit;
   da lebte dort ein Drache, der war so furchtbar breit.
   Der Drache hat' ein großes Maul und schlief den ganzen Tag;
   die Leute waren sehr gespannt, wann er wohl wach sein mag.

Refrain: *Das Ungeheuer schläft, weckt es bloß nicht auf,*
sonst frißt uns dieses Ungeheuer ungeheuer auf

2. INSTRUMENTAL

Refrain: *Das Ungeheuer schläft, weckt es bloß nicht auf,*
sonst frißt uns dieses Ungeheuer ungeheuer auf,
sonst frißt uns dieses Ungeheuer ungeheuer auf!

3. *Die Leute hatten große Angst vor diesem Ungetüm,*
dabei war dieses Ungetüm bloß ein Pappkostüm!

Refrain: *Lalalalala, Lalalalala,*
dabei war dieses Ungetüm, bloß ein Pappkostüm!

f) Musikalische Elemente in der Aufwärmung und in Übungen zur Präsentation

➤ *Kreisaufstellung*
   – weitergeben von Klatschern,
   – weitergeben von Klatschern in einheitlichem Metrum,
   – weitergeben von Klatschern aber selbst weitermachen, am Ende klatschen alle,
   – desgleichen, nur mit Geräuschen (Tierlaute, Geräte, Abstraktes).

➤ *Der Dirigent*
   – Der Spielleiter formuliert mit Händen und Körper eindeutige Anweisungen: laut, leise, hoch, tief, Beginn, Ende.
   – Er verteilt unterschiedliche Geräusche an unterschiedliche Personen/ Gruppen, die auf »Dirigent« abgerufen werden.
   – Die Abfolge der einzelnen Geräusche kann immer differenzierter werden, bis am Ende rhythmische oder melodische Gebilde entstehen.
   – Desgleichen kann dann mit Percussionsinstrumentarium verfahren werden.

➤ *Heij – Tanz*

Diese rhythmische Variante der Show-Übung bietet gute Grundlagen, z.B. zum Schlachtruf; (Kreisaufstellung) und los geht's:

⇒ Hüpfer ⇒ Klatsch

⇒ Hüpfer und linke Hand an rechten Fuß ⇒ Klatsch

⇒ Hüpfer und rechte Hand an linken Fuß ⇒ Klatsch

⇒ »Heij!!« und Arme hoch

Die Füße werden natürlich jeweils hochgehoben und am Schluß sollte man in festem Stand landen.

Die genannten Übungen können natürlich in die Präsentation übernommen werden (je nach Verlauf eigenständig oder unterstützend).

Ein schönes Bild ist es z.B. zu Beginn einer Aufführung, wenn alle Akteure nacheinander auf die Bühne kommen, jede/r ein neues Instrument (Rassel, Trommel, Klangstab, Tröte, Triangel …) hinzufügt, bis zum Schluß ein ohrenbetäubender Lärm entsteht, der an seinem Höhepunkt urplötzlich abbricht. Dann ist klar, wem für die Zeit der Aufführung die Bühne gehört.

Soviel zum Thema Musik als Stimmungsmacher und zum Untermalen mit Musik. Noch ein Wort zur Musik aus der Konserve:

Der untermalende Kassettenrecorder erfüllt bei weitem nicht den Zweck, den eine Livebegleitung bieten kann. Live-Musik lebt (!) und damit auch die Aufführung. Einer perfekt arrangierten Musik muß man zudem in seiner Darbietung erst mal das Wasser reichen, bis man sie zum Leben bringt. Lieber den Anspruch etwas herunterschrauben und auch in der Begleitung auf Perfektion und Höchstleistung verzichten, denn ein stimmungsvolles Arrangement, das den Charakter der Nummern stützt und Atmosphäre schafft, ist gefragt.

8. Bello, Fury und andere Tiere

Die Tierdressur ist eine der ursprünglichsten Circusdarbietungen überhaupt. Daß, was man heute Circus nennt, hieß in seinen Anfängen »Pferdetheater« oder »Amphitheater« und entstand im 18. Jahrhundert aus dem Zusammenspiel von Reitervorführungen und, um diese attraktiver zu gestalten, Darbietungen, wie sie auf dem Jahrmarkt in der Schaubude gezeigt wurden. SeiltänzerInnen, Kraftmenschen, dressierte Hunde und Abnormitäten, wie Riesen und Zwerge … alles mit musikalischer Begleitung[1].

Pferde, Kleintiere und auch Bären wurden bald durch exotische Tiernummern, wie springende Hirsche und tanzende Elefanten, bereichert. Neben den Clowns, die mit ihren Persönlichkeiten und der volkstümlichen Komik den Traum vom romantischen Circus bauen halfen, waren es vor allem die Raubtiere, die Ende des 19. Jahrhunderts dem Circus seine größte Zeit bescherten.

Auch heute ist im Abendland ein großer Circus ohne Tiere kaum denkbar. Einzig der chinesische Circus kommt mit seinen artistischen Spitzenleistungen ohne Tierdressur aus. Aber auch hier gibt es Löwen, die, von zwei Spielern belebt, auf der Kugel tanzen und andere wilde akrobatische Figuren vollführen.

Aber Tiere im Gaukelcircus, von Kindern dressiert und vorgeführt? Ebenfalls kaum denkbar. Und selbst wenn, wer hält schon Mäuse, Hunde, Ponys oder gar Affen, die so genügsam sind, sich von Kindern vorführen zu lassen? Wer nimmt sich so viel Zeit, die Notwendigkeiten eines Dressuraktes zu studieren und mit den Tieren zu leben?

Dem Kinderwunsch nach dem Umgang mit Tieren kann nur sehr vereinzelt entsprochen werden und ist, zumindest für ein kurzfristig angelegtes Projekt fragwürdig. Aber der Wunsch ist da!

Wenn er formuliert wird, gibt es Möglichkeiten, ihm zu entsprechen. Das einfachste und bekannteste ist, die Kinder selbst die Rolle des wilden Tieres übernehmen zu lassen und dafür entsprechende Kostüme zu erstellen. Hier können akrobatische Übungen ebenso in die Nummer eingebaut werden, wie andere, aus Raubtiernummern bekannte Kunststücke (z.B. der Feuerreifen).

---

1 Der Name Circus entstand erst 1806. Nach dem Verbot Napoleons I., Kuriositätenaufführungen mit der Bezeichnung Theater zu benennen, ›erfanden‹ die Direktoren Franconi den Titel »Cirque Olympique« für ihr bekanntes Pferdetheater.

Wenn die Kinder aber schon zu alt sind, um sich mit der Rolle zu identifizieren, wird es schwierig. Eine Menschengiraffe (mit der schon Tom Belling, der Vater des dummen August, auftrat), ein Esels- oder Bärenkostüm zu bauen scheint vielen zu viel Aufwand, und der klassische chinesische Löwe bedarf eine äußerst genaue Abstimmung der Spieler und hohe körperliche Anstrengung.

Für die dressierte Sardinenbüchse, die, von einem Schleuderbrett getrieben, einen vierfachen Salto in einen Putzeimer macht, fehlt den Kids meist der spezielle Humor.

Um sich dennoch vorstellen zu können, wie solch verdrehte Ideen auch in Kinderköpfen entstehen und sogar ihren Platz in der Manege finden können, hier eine kleine Nummer, die aus dem dringenden Wunsch, ein Tier vorzuführen, entstand.

Schlappi!

Schlappi ist ein Stoffhund von der Größe eines Dackels mit ausladenden Schlappohren, der, von der Tierbändigerin an der Leine geführt/gezogen/manipuliert, in die Manege hoppelt. Zuerst wird Schlappi vorgestellt. Es ist ein besonders kluger Hund, der hier gleich Körperbeherrschung in Vollendung zeigen wird:
- ›Allez hopp‹ und Schlappi macht einen Handstand (an den Füßen gehalten).
- Aber er kann noch mehr und vollführt nun den unglaublichen Rückenlege-Wirbelsprung (auf dem Rücken liegend wieder auf dem Rücken landend; mit der Leine wieder hochgezogen und in der Luft gedreht …).
- Sein Mut kennt keine Grenzen, er wagt auch den Sprung durch den Reifen (die Leine muß natürlich zuerst durch …).
- Am Schluß zeigt Schlappi noch, wen er am allerliebsten mag und ›Zupp‹ springt er der Tierbändigerin in die offenen Arme.

Neben so einer Technikdemonstration sind auch ins Spiel eingebundene Dressurakte möglich …
Zum Beispiel:

➤ die Schlange, die aus dem Korb mit einer nicht sichtbaren Angel emporgehoben wird, wenn die Flöte spielt, dann aber aus der Reihe tanzt …

➤ die unsichtbare Fliege/der Floh, die ihre Aufgaben einfach nicht erfüllen wollen und damit den Dompteur zur Verzweiflung bringen, bis er sie schließlich in den Mund steckt, sie herunterschluckt, nur damit sie sich einen Weg aus dem Ohr bahnen können, um weiteren Schabernack mit ihrem Herrn und Meister zu treiben …

9. Rabrakrax, Merlin und Galmira – Zauberer und Magierinnen

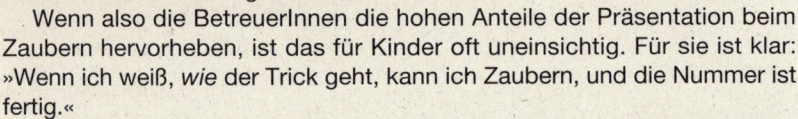

Wenn im Circus das Thema Zauberei angegangen wird, so ist in den meisten Fällen das Interesse der Kinder darauf beschränkt, die Geheimnisse der Zauberei zu durchschauen. Darum wollen sie Tricks erklärt bekommen. Diese Motivation ist größer als das Bedürfnis zu erfahren, *warum* der Trick beim Magier Rabrakrax aus dem Fernsehen so toll gewirkt hat.

Wenn also die BetreuerInnen die hohen Anteile der Präsentation beim Zaubern hervorheben, ist das für Kinder oft uneinsichtig. Für sie ist klar: »Wenn ich weiß, *wie* der Trick geht, kann ich Zaubern, und die Nummer ist fertig.«

In Kurzprojekten (z.B. in Workshops) ist es daher nicht leistbar, die Einsicht in die Notwendigkeit der Präsentation zu vermitteln. Es ist die Aufgabe der BetreuerInnen, Tricks auszuwählen und vorher selbst auszuprobieren, die auch ohne die entsprechende Darbietung publikumswirksam sind, zusätzlich durch die Arbeit an der Präsentation aber eine noch stärkere Wirkung bekommen können. Dabei sind folgende *Kriterien für Kinder-Zaubertricks* und deren *Präsentation* zu beachten.

Zur Auswahl der Tricks …
a) Materialien

Sind die Trickidee und die für sie verwendeten Utensilien für die Magierin sowie für das Publikum attraktiv?
- Zum einen betrifft das die Gestaltung der Requisiten (z.B. mit Glitter, Spiegelfolie, Sternen u.ä. – *Liebe zum Detail*),
- zum anderen die Wirkung auf der Bühne (Größe, Wiedererkennungseffekt, nicht gleich alles klar werden lassen, geheimnisvoll …)

Als Beispiel: **Ein fauler (Prinzen-) Zauber**
Auf der Bühne steht eine mit magischen Zeichen verzierte spanische Wand. Die Magierin bittet einen (eingeweihten) Zuschauer auf die Bühne, da ihr ein Assistent für ihre letzte Nummer fehlt. Doch sie ist mit dem Outfit der Person nicht zufrieden und kündigt an, ihn vorher noch schnell in einen schönen Prinzen zu verwandeln.

Der Junge geht hinter die spanische Wand, die Magierin hantiert, beschwört, murmelt und gestikuliert … hinter dem Paravent donnert, raucht und knallt es … und hervor tritt ein rußverschmierter Junge (schwarzes Trockenpuder) in schwarzen Fetzen, dem noch zwei Zähne fehlen (Zahnlack) … Peinlich berührt verlassen die beiden die Bühne … der Trick hat wohl nicht geklappt … die von Kostüm und Show lebende Nummer aber doch!

– Des weiteren sollte der Trick nicht so bekannt sein, daß die Gefahr besteht, daß jede(r) dritte im Publikum ihn schon kennt. Das macht der Magierin nämlich keinen Spaß, da sie erst einmal nicht davon ausgeht/versteht, daß auch ein bekannter Trick durch ihre besondere Präsentation zu einem Erlebnis werden kann.

b) Ist der Trick schon veröffentlicht

… oder verrate ich als BetreuerIn mit meinen Angeboten ein magisches Geheimnis, was den Kindern u.U. auch die Illusion der Zauberei raubt, wenn sie anderen Zauberern zuschauen?

c) Herstellen der Trickrequisiten

Die Herstellung der Tricks sollte nicht zu kompliziert und von den Kindern nachvollziehbar u.U. sogar selbst zu leisten sein. Vielleicht wollen sie nach der Circusaktion noch mal zaubern …

Als Beispiel: **Der 3-Bälle-Haar Trick**
Der Zauberer betritt die Bühne. Vor ihm steht ein Tablett mit drei schwarzen Röhren, auf denen drei verschiedenfarbige Bälle liegen. Er bittet nun eine Zuschauerin zu sich auf die Bühne und stellt fest, daß er an der Farbe der Bälle erkennen könne, ob jemand den Ball in der Hand gehabt habe oder nicht. Als Beweis werde er sich jetzt mit dem Rücken zu den Zuschauern drehen und sie solle einen Ball auswählen, diesen von der Röhre hochnehmen und deutlich dem Publikum zeigen, damit alle die Farbe sich merken können. Wenn sie ihn wieder zurückgelegt hat, werde er sich umdrehen und genau sagen können, welcher Ball es war.

Was nur der Zauberer weiß: Bei der Vorbereitung wurde unter jedem Ball (zwischen Röhrenrand und Ball) ein Haar geklemmt. Wird der Ball nun angehoben, fällt das Haar herunter (ausprobieren!) und der Zauberer erkennt die Wahl der Zuschauerin.

d) Aufbau

Können die Kinder den Trick für die Vorstellung ohne fremde Hilfe aufbauen? Und wenn nicht, wie kann der Aufbau ohne Nachteile für die Aufführung und für das Trickverständnis des Zauberers erreicht werden?

e) Alter der Kinder

Sich mit dem Zaubern wirklich auseinanderzusetzen wird erst für Kinder ab ca. 9 Jahren interessant. Möchten kleinere Kinder unbedingt als MagierIn auftreten, so ist dies möglich. Dabei muß man allerdings bedenken, daß dann oftmals gerade die *Hilflosigkeit* (Umgang mit den Zauberutensilien und das Behalten der richtigen Reihenfolge der Zauberhandlungen) die Nummer für die Zuschauer liebenswert macht. Der Trick selbst ist meist relativ schnell durchschaut, was die kleinen Kinder jedoch selbst nicht stört.

Julia und der Zauberhut
Julia ist gerade 6 Jahre alt geworden und möchte zaubern. Am liebsten mit den schönen, bunten Tüchern, die sie schon vom Jongliertanz her kennt. Mit dem präparierten Zylinder (zwei Fächer im Deckel, eins leer, eins mit einem grünen Tuch) übt sie den magischen Wechsel des roten Tuches in ihrer Hand in das grüne Tuch aus dem Zylinder. Wo ist das rote Tuch geblieben? – Nun, sie zieht es (ein zweites) aus der Hosentasche eines (eingeweihten) Zuschauers.

Mit kleineren Problemen, besonders das unauffällige Öffnen der Klappen im Zylinder und das Reinstopfen des roten Tuches, gelingt alles recht ansprechend, auch auf der Generalprobe … Julia strahlt!

Doch bei der Premiere kommt alles ganz anders. Erstaunt über die vielen Zuschauer reduziert sich ihre sonst durchaus verständliche Stimme zu einem Flüstern. Die Anleiterin springt als Übersetzerin ein, was Julia zusätzlich irritiert, da das nicht geprobt wurde.

Das zweite Malheur folgt auf dem Fuß: ein hilfesuchender Blick zur Anleiterin: »Ich krieg' die Klappe nicht auf!«... Nach einigen Versuchen, bei
denen Julias Arm – völllig unauffällig – fast vollständig im Hut verschwindet, ist es geschafft und das rote Tuch wird reingstopft. Etwas zu hektisch,
was die Präsentation des »leeren« Hutes schnell zu Tage fördert – ein kleiner roter Zipfel lugt noch aus dem Zylinderboden.

Julia zeigt Haltung und macht unbeirrt weiter, beschwört den Hut, zur
Sicherheit auch noch die Zuschauer und das Ganze lieber gleich dreimal...
und schwupp, zieht sie das grüne Tuch aus dem Zylinder. Na, hat das
nicht prima geklappt?!

Julia strahlt erleichtert! ... Und die Zuschauer klatschen unterstützend.
Einige kleinere Kinder haben trotz der kleinen Pannen dennoch nichts ge-
merkt und eines fragt denn auch prompt: »Wo ist denn das rote Tuch?« –
Siegessicher zeigt Julia ins Publikum ... auf einen leeren Stuhl ... Oh
Schreck! ... Ihr Bruder, dem sie das zweite Tuch gegeben hatte, ist weg ...
Wo ist er??? ... Bange Sekunden, doch glücklicherweise entdeckt sie ihn
neben der Mutter ...

Julia strahlt! – Applaus!!

Zur Präsentation der Tricks ...
a) Zeigen und Demonstrieren der Zaubergegenstände

Damit das Publikum sieht, daß der Magier ohne Tricks und doppelten
Boden arbeitet, muß er den Hergang seiner Show scheinbar genau nachvollziehbar machen. Alles, was er manipuliert, ist »ganz normal«, »ohne Besonderheiten«, »leer« oder sonstwie unverdächtig. Dies gilt für alle Formen
der Magie, von der Großillusion (Schwertkiste, schwebende Jungfrau, o.ä.)
über die Mentalmagie (Karten, Zahlen, Gedanken raten) bis zur Tischzau-
berei (mit Münzen, Färbetricks, etc.).

Eine wesentliche Rolle spielt dabei die
– Entfernung zum Publikum ... d.h., kann das Publikum den Trick verfol-
  gen, die Trickrequisiten noch sehen?
  Sollten also die Zaubergegenstände trotz deutlicher Präsentation vom Publikum nicht erkennbar sein, so ist zu überlegen, ob der Trick auch mit
  vergrößerten Utensilien durchführbar bleibt und wenn ja, ob der Trick
  dann wiederum noch von den kleineren Händen der Kinder ausführbar ist.

Als Beispiel: **Bilderraten oder Zahlenvorhersage**

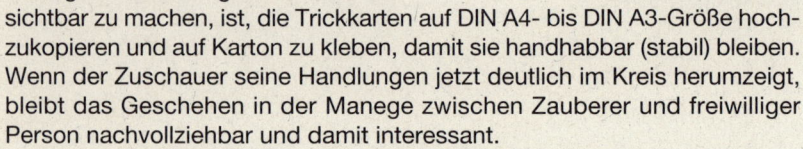

Die Mentalmagietricks arbeiten mit verschiedenen Bild- oder Zahlenkarten, aus denen Zuschauer bestimmte auswählen sollen. Anhand der Auswahl kann die Magierin aussagen, welches Bild vorher im geheimen gewählt, welche Zahl gedacht wurde.

Eine Möglichkeit, die Tricks für die Manege und für ein großes Publikum sichtbar zu machen, ist, die Trickkarten auf DIN A4- bis DIN A3-Größe hochzukopieren und auf Karton zu kleben, damit sie handhabbar (stabil) bleiben. Wenn der Zuschauer seine Handlungen jetzt deutlich im Kreis herumzeigt, bleibt das Geschehen in der Manege zwischen Zauberer und freiwilliger Person nachvollziehbar und damit interessant.

Ist eine Vergrößerung der Requisiten nicht möglich, so kann im Einzelfall auch *eine aus den Zuschauern gewählte Person* die Trickhandlung überwachen und den Verlauf dem Publikum übersetzen bzw. »vergrößern«.

b) Die Erläuterung des Tricks vor Publikum

- Eine wesentliche Voraussetzung für die Wirkung der Trickpräsentation ist die akustische Verständlichkeit der Erklärungen des Zauberers. *Lautes und deutliches Sprechen* muß also geübt werden.
- *Die Beschreibung der Zauberhandlung.* Hört ihr genau zu, wenn Zauberer im Fernsehen oder auf der Straße zaubern, so werdet ihr feststellen, daß sie nie exakt sagen, was sie zaubern werden (also z.B. nicht »ich zaubere jetzt das rote in ein grünes Tuch«), sondern sie sind z.B. selbst überrascht, was da gerade passiert ist.
- Ist ein *Mikrofon* vorhanden, kann dieses benutzt werden; der Umgang damit muß aber ebenso geübt werden.
- Ist das Problem des lauten und deutlichen Sprechens nicht zu lösen, so kann auf folgende Umwege zurückgegriffen werden:
  Die AnleiterIn oder ein anderes sprechgeübtes Kind fungieren als *Übersetzer*, denn der große Zaubermeister kommt aus einem fernen Land und ist der hier gebräuchlichen Sprache nicht mächtig (Gromolosprache aus den Clowntechniken); z.B.:
  ZaubererIn (feierlich): *Grabatz truk gal intak habib tal mega straba* (o.ä.)
  ÜbersetzerIn: *Der große Habakuk sagt, daß er nun dieses Wasser in diese ganz normale Zeitung gießen wird.*
  ZaubererIn handelt erst jetzt, nach der Übersetzung.

c) Probe und Verantwortung

Damit der Trick auf der Bühne anschließend gut gelingt, muß der Zauberer/die Magierin den gesamten Ablauf der Präsentation oft und öfter wiederholt haben, so daß er fast im Schlaf geht. Meist reicht die Zeit für eine derart *intensive Probe* nicht, oder nachdem zweimal der Trick durchgeprobt wurde, fehlt die Konzentration für eine weiter Aktion.

Unser Tip: Laßt die Kinder die gesamte *Verantwortung für ihren Trick übernehmen* (den Aufbau; daß er vollständig ist; und natürlich, daß er klappt). Konkret: die Kinder nehmen den Trick/die Requisiten an sich, z.B. mit nach Hause und führen diesen den Eltern etc. vor; sie können ihn in der Mittagspause in der Zauberertabuzone, und wann immer sie wollen (Freizeiten), wiederholen.

d) Die Atmosphäre

Die Kinder wissen, wie man zaubert: mit beschwörenden Gesten, magischen Worten und Sprüchen und anderem geheimnisvollem Getue. Diese Handlungen entfalten ihre Wirkung besonders nachhaltig, wenn die Umgebung bereits geheimnisvoll gestaltet ist. Hier ein paar Anregungen zu diesem Thema:

– Wenn Kinder zu schnell alles abhandeln, kann man sie zu folgender Zauberhandlung bewegen: beschwörend die Hände heben, dabei hörbar die Luft einsaugen, die Augen schließen (21, 22, 23, 24 zählen), Augen öffnen, den Ort des Geschehens ansehen und die Arme wieder senken und dann erst den Zauberspruch sagen.

– Effekte aus dem Feuerkapitel einbauen (»Zauberpulver«: Bärlapp in Kerze, pyrotechnische Effekte, Pyrowatte, Brandpaste oder Theaterfeuer entzünden …) oder wenn eine Nebelmaschine vorhanden ist, den Geist aus der Flasche zu Hilfe rufen.

Der Schlauch der Nebelmaschine kommt von unten durch den Tisch, auf dem die Flasche steht; die Flasche hat keinen Boden; nimmt nun die MagierIn den Korken aus der Flasche, strömt der Nebel heraus …). Lichtflackern, wenn die Beleuchtung das zuläßt, einsetzen.

– Je nach Alter der Kinder und Form der Show kann noch das Ambiente entsprechend aufwendig gestaltet werden. Der Hexenmeister steht neben seinem Kupferkessel (aus Pappmaché und Draht,), mit Totenschädel und tropfender Kerze auf dem Tisch, die Magierin mit Kristallkugel (umgedrehte runde Blumenvase) und großem Kartenspiel, der Varieté-Zauberer in Glitzeranzug und mit Zylinder, etc.

... zum Schluß – Hilfen beim Tief

a) Überprüfung/besondere Betreuung als Motivationsschub

(Neben den Möglichkeiten, sich in der Gruppe gegenseitig das Erarbeitete vorzustellen.)

➤ *Video:* Die fertige/halbfertige Nummer oder auch einzelne Übungen werden mit der Kamera aufgenommen und später gemeinsam unter verschiedenen, vorher bekannten Gesichtspunkten betrachtet.

➤ *Der Fachmann, die Fachfrau kommen:* Vom in der Stadt gastierenden Circus, von der nahegelegenen Universität (z.B. SportstudentIn), von der in der Turnhalle trainierenden Jongliergruppe oder von einem anderen Kindercircus werden ein(e) Fachmann/-frau eingeladen, sich schon bestehende Nummern anzusehen oder bei der Entwicklung einer Nummer behilflich zu sein.

➤ *Regiearbeit:* Ein fertiges Programm oder einzelne Programmbausteine bekommen den letzten »Schliff«, indem sie von einem erfahrenen Theatermenschen – vor allem in bezug auf spielerische Verbesserungen – begutachtet werden.

b) Quatschmachnummern

(Wenn die Nummer gekonnt wird, aber langweilig zu werden droht.)

➤ *Teufelchen:* Während des Nummernablaufs wird ein Teufelchen eingesetzt, um die Artisten zu stören, so daß sie vor Lachen den Faden verlieren, vor Wut die Nummer abbrechen oder vor Verzweiflung das Handtuch werfen. Vielleicht ergibt sich daraus eine völlig neue Nummer oder die ArtistInnen sind einfach so cool, daß sie nichts aus der Bahn wirft. Wichtig! Das Teufelchen darf stören, reden, auch Dinge bewegen, aber es darf niemanden berühren, den eigentlichen Ablauf der Nummer nicht verhindern und muß von den ArtistInnen wie Luft behandelt werden.

➤ *Rollenwechsel:* Die AkteurInnen spielen die Nummer in einer völlig anderen Rolle, z.B. als Affe, als Priester, als Rowdy, als Kleinkind, ohne den geplanten Ablauf der Nummer zu verändern.

➤ Rollentausch: Andere Kinder/Jugendliche, die die Nummer bislang nur gesehen haben, übernehmen einen Part, den sie vorher studiert haben, z.B. mit der Aufgabe, den ersetzten Artisten zu kopieren oder ihn zu überzeichnen. Oder es wird innerhalb der Gruppe getauscht, so daß neue Konstellationen entstehen.

c) Weiterbildung

➤ *Workshops oder Kurse:* Aus dem Angebot des Hochschulsports, der Volkshochschule, des Landes- oder Stadtsportbundes/der Sportjugend werden von einzelnen Interessierten Workshops oder Kurse besucht, die die dort gemachten Erfahrungen dann wieder in die Arbeit einbringen.

➤ *Profis einladen:* Es werden Jongleure, Akrobaten ... halt Gaukler der verschiedenen Richtungen oder Theaterpädagogen eingeladen, um für die gesamte Gruppe zu ausgesuchten Themen (einen) Workshop(s) auszurichten.

d) Identifikation schaffen

(Mit den Möglichkeiten von schon erarbeiteten Bereichen neue Identifikationen schaffen.)

➤ *Musik*, Mitmach-Lied, »Schlachtruf«, Rap, etc. einsetzen [siehe Kapitel V 7],

➤ *Plakate-Bildband* zusammenstellen, *Galerie* einrichten und öffentlich zugänglich machen,

➤ *Show-Übungen* [siehe Exkurs 1] einsetzen.

VI. Es war einmal eine ...
Circus-Woche mit Kindern

Wir haben die Circus-Woche als Dokumentationsbeispiel gewählt, weil sie übersichtlich beschreibar ist und in ihrer Dichte viel Raum für gemachte Eindrücke läßt. Alle Informationen über den Verlauf, das Wie und Warum von Übungen und Planungen, die hier aufgeführt werden, sind während der Woche auch an die Kinder gegangen, d.h., sie waren genauso ein Teil der Abstimmung, wie es die Teamer vom Circus Mücke auch waren.

Die Kinder sind den ganzen Tag von 10.00 – 17.00 Uhr zusammen. Das Training wird durch eine 1 ½ stündige Mittagspause und eine Teepause um 15.00 Uhr unterbrochen. Also viel Gelegenheit, innerhalb des Projektes Prozesse einzuleiten, zuzulassen und zu bearbeiten.

1. Tag

Schnell wird klar, daß wir in unserem *Partner vom Jugendamt* ein echtes Gegenüber gefunden haben. Die Ausschreibung im Ferienprogramm ist ausführlich, die Wahl der Stadthalle als Aufführungsort deutet auf eine ernstzunehmende Veranstaltung hin (die Resonanz ist entsprechend groß), die Zusammenstellung der Gruppe berücksichtigt soziale und altersspezifische Bedingungen und die Probenmöglichkeit in Turnhalle und Umkleiden bieten zwar engen, aber genügend Raum zum differenzierten Arbeiten.

So stehen wir *am Morgen* vor 25 noch ziemlich zurückhaltenden Kindern, einigen Erwachsenen, die wissen wollen, wo ihre Kinder die Woche verbringen, vor den Organisatoren und Helfern vom Jugendamt, und machen uns bekannt.

Zuerst das *Namensspiel*, das fast immer zu einer kleinen Aufführung gerät, weil der Klaus immer die Namen von Silvi und Bärbel durcheinanderbringt; der Thos meint, er sei der Klaus; die Bärbel versucht, das Wirrwarr richtigzustellen, was die Silvi trotzdem wieder durcheinanderbringt. Reinhard ist erst völlig stumm und unentdeckt. Da kommen die Kinder aber bald drauf und wissen längst vor der Bärbel, wie er richtig heißt.

Ohne große Ankündigung werden die Kinder nun aufgefordert, mitzuspielen bei den Bewegungs-, Kontakt- und Aufwärmspielen, die eingebunden in kleine Geschichten angeboten werden.

Bald haben die Kinder raus, daß man mit den »Großen« spielen kann, die Scheu verschwindet schnell, und erste Versuche, die Grenzen des Freiraums auszuloten, machen die Szenerie lebendig – denn sie finden im Spiel statt, und die Angebote, die wir machen, im großen (Spiel-, Übungsanweisung) wie im kleinen (mitspielen, selbst rumlaufen, Löwe sein) machen uns zu Gleichgesinnten [siehe auch Circus-Spiel-Aktion »Der Vertrag« Kapitel IV 1.].

Nach einer halben/dreiviertel Stunde werden die Angebote konkreter auf die Arbeit der Woche bezogen. Rollen, Mutsprung und andere herausfordernde Einzelaufgaben dienen als »*Aufnahmeprüfung*« der Artisten, die zu bewältigen ein gemeinsames Circusdasein bedeutet. Jetzt stehen die Kinder Schlange (Rollen durch ein bewegliches Tor) oder müssen zum Gelingen der Übung Hand anlegen und mithelfen (Mutsprung und Transportband). Ruck, zuck ist die Hälfte des Vormittags vorbei, und wir haben noch gar nicht richtig angefangen; dafür sind die Kinder erwartungsfroh und miteinander warm geworden.

Silvi und Thos rufen nun alle Kinder mit einer Clownshupe in einer Ecke der Halle zusammen, um mit ihnen das *Circuslied* zu singen und zu spielen [siehe Kapitel V 7a Musik]. Bärbel gibt Bewegungsangebote zu den Strophen, und bald haben die Kinder raus, wie das funktioniert. Wenn nun am Nachmittag ein Name für den Circus gefunden ist, werden wir versuchen, ein eigenes Lied zu schreiben, das dann auch die Vorführung am Freitag einleiten kann.

Klaus und Reinhard haben in der Zwischenzeit *Circusplakate* und Wachsmalkreiden/Buntstifte in der anderen Ecke ausgelegt. Aufgabe an die Kinder ist nun aufzumalen, was sie im Circus spielen wollen, welche Rolle sie bei der Vorstellung spielen oder welche Kunststücke sie am liebsten lernen wollen.

Diese ruhigere Phase gibt uns Gelegenheit, mit den Kindern etwas persönlicher ins Gespräch zu kommen, nachzufragen, miteinander zu sprechen, Hilfen zu geben, Unkonkretes vorstellbar zu machen.

Nach ca. 30 Minuten werden die Kinder wieder zusammengerufen, und es wird das folgende Angebot vorgestellt, ein *Geräte-Cirkel*. Sie können wählen, was sie jetzt am liebsten ausprobieren wollen. Kugellaufen, Seiltanz und Stabakrobatik stehen zur Wahl. Jede/r kann aber alles ausprobieren, weil wir nach einiger Zeit wechseln werden. Doch womit anfangen...?

Bis zum Mittag wird an den einzelnen Geräten gearbeitet, damit die Kinder eine Vorstellung von den Anforderungen und Angeboten ungewohnter Geräte bekommen. Die Zeit reicht nicht aus, um die Runde zu vollenden, also rufen wir wieder zusammen und vertagen das weitere Training auf den Nachmittag.

➤ Nachmittag

Nach einer kurzen gemeinsamen *Partneraufwärmung* (Spiele, Aufstand, Zehenfechten, etc.) wird die Cirkelrunde zu Ende geführt. Dann beginnt der große Streß des Tages. Mit der Clownshupe werden die Kinder zusammengerufen. Sie wissen schon, daß bei ihrem Klang etwas Neues passiert, und sammeln sich schnell. Wir machen eine kurze *»Bildbesprechung«* der Circusplakate ,die Bärbel und Reinhard mittlerweile zu einer Art Galerie aufgehängt haben (mit rauhem Tesakrepp, damit sie hinterher leicht wieder abgehen), in der die verschiedenen Rollen im Circus vorgestellt werden.

Dann sollen die Kinder sagen, was sie sich vorstellen, was zum Circus alles dazugehört und vor allem, was sie alles im Circus machen wollen. Also:
1. *Was gehört alles in den Circus?*
   Die Antworten werden auf einer großen Tapetenrolle notiert.
2. *Was wollt ihr im Circus machen?*
   Die Antworten werden namentlich aufgeschrieben.

Diese beiden Fragen haben Hintergründe, denn es muß überprüft werden, ob das alles so geht wie gewünscht:
1. Jedes Kind darf zwei Nummern/Rollen haben. Sonst gäbe es zuviel Chaos beim Proben. Ausnahmen sind natürlich erlaubt, wenn sie in die Planung eingebaut werden können.
2. Sind die Nummern zu voll, machen wir u.U. zwei daraus … Wer hat drei Nummern angemeldet …, zu leere Nummern, braucht diese Nummer noch Kinder …?

Nach einer ¾ Stunde, vielem Hin und Her, vielen Erläuterungen und noch mehr persönlichen Anmerkungen, Mut- und Unmutsäußerungen der Kinder (z.B. nur ein Junge möchte Feuer und nur ein Mädchen Bauchtanz … sie entschließen sich, es gemeinsam zu probieren …), nach viel Einblick und Einsicht in die Arbeit steht ein Überblick über die Wünsche, Nummern, Rollen und die Vielfalt, die das Circusprogramm bereithält.

Aber es ist noch nicht vorbei: Die Kinder müssen sich noch weiter auf die Bewegungslosigkeit der Planungsrunde einlassen, was aber gerade diesmal nicht schwerfällt, denn jetzt geht es um den *Circusnamen*. Erst wird wieder gesammelt und aufgeschrieben, alle Vorschläge haben Platz auf der Tapete, jeder wird gehört (Ausnahme sind bekannte Circusnamen).

Dann wird nach folgendem Abstimmungsverfahren ausgewählt:

1. Jeder Name wird vorgelesen, und jedes Kind darf abstimmen, egal wie oft.
2. Die sich ergebenden, beliebtesten Namen werden erneut aufgeschrieben, es wird wieder mit mehrfach möglicher Abstimmung ausgewählt.
3. Es bleiben wenige Namen übrig, und nun darf jede/r nur noch einen Favoriten haben.
4. Sollte immer noch kein eindeutiger Renner ermittelt worden sein, wird so lange an den übriggebliebenen Namen herumgedoktort, bis ein für alle akzeptabler Kompromiß herausgearbeitet worden ist.

Die Wahl dauert lange und strapaziert die Konzentrationsfähigkeit enorm, aber sie ist sehr wichtig, weil jedes Kind mitbekommt, daß es sich hier um etwas Gemeinsames handelt, und daß jede/r dieStimme erheben kann. Auch die TrainerInnen haben eine Stimme; ein schöner Anlaß zum Spiel, wenn der Klaus ganz enttäuscht ist, daß sein Lieblingsname herausgefallen ist …, die Silvie sich diebisch darüber freut und darüber vergißt, bei ihrem Favoriten abzustimmen. Am Ende ist es geschafft, und alle sind mit der gefundenen Lösung zufrieden. Ach ja, der Circus dieser Woche heißt:

ZappZappzerapp,
der wundervolle Kindercircus

Zum Ausgleich darf nach der etwas verspäteten Teepause ganz nach Belieben mit den Materialien »gespielt« werden, zu denen noch das Jonglieren (Diabolo und Tellerdrehen) hinzugekommen ist, um für Könner und Gelangweilte ein neues Ausprobierfeld zu eröffnen.

Am Schluß werden die Kinder *auf dem Teppich* zusammengeholt. Dieser Sammelplatz für Besprechungen wird am Ende des Tages aufgesucht, um noch einmal zurückzublicken. Was war gut, was hat mir nicht gefallen? Der Versuch, am ersten Tag schon mit der Regel zu arbeiten, daß jede Meldung erst gehört, dann besprochen wird, scheitert hier zuerst, da die Kinder alle hauptsächlich gehört werden wollen und so gegeneinander anreden. Doch bald schon merken sie, daß wir uns die Zeit nehmen, jede Meinung aufzunehmen, und erst, wenn das Problem besprochen ist, weitergehen. Diesen Circusrat werden wir an jedem Trainingstag einberufen und dort Probleme besprechen und wichtige Mitteilungen weitergeben.
Die Kinder gehen nach Hause.

➤ **Abend**

Der Tag ist damit aber noch lange nicht vorbei. Die Kinder werden sich Gedanken machen, wie sie mit ihrer Rolle im Circus umgehen wollen, morgen

werden einige mit sehr konkreten Vorstellungen und Wünschen an uns her-
antreten. Da können wir doch auch keinen Feierabend machen.

Da morgen die Proben an den Nummern beginnen sollen, gilt es, das
Chaos, das durch die freie Wahl der Kinder entstanden ist (Nummern / Artisten / Räume / Zeiten / Betreuung), so zu *strukturieren*, daß genügend *Zeit
für die einzelnen Proben* vorhanden ist, aber für die Kinder, die gerade an
keiner der angesetzten Nummern teilnehmen, kein zu großer Leerlauf entsteht.

Die entstehenden «Frei»zeiten sind keine Leerzeiten, denn der Werkstattbereich (Plakate, Requisiten, Kasse, Bauchläden, Eintrittskarten u.a.),
der für diese Zeiten bereitsteht, wird für einige der Kinder im Laufe der
Woche noch zur wichtigsten Zeit des Tages werden.

Doch noch mehr ist gefragt:
- Gibt es Kinder, die Ansagen machen können/wollen, die DirektorIn spielen möchten? Spätestens morgen mittag müssen die Kinder darüber Bescheid wissen und muß der Circusrat am Nachmittag entscheiden, ob es
  eine/n DirektorIn gibt, und wer das ist.
- Das Lied muß komponiert und getextet werden (versprochen ist versprochen).
- Die Trainer müssen aufgeteilt werden und müssen wissen, welche Kinder in welcher Nummer mitarbeiten.

So sitzen wir ... und reden ... und planen ... und denken ... und singen...
und hören zu ... und schlafen ... irgendwann ... dann ... doch.

2. Tag

Heute sind die Kinder schon viel gelöster. Man merkt, daß die Halle jetzt
ihnen gehört. Auch wir werden, kaum entdeckt, in Beschlag genommen,
und Trauben von Kindern bilden sich um uns, oder wir werden als neue Be-
kanntschaft den Eltern vorgestellt. Wir beginnen wieder mit einer bewegungsreichen *Spielgeschichte* zum Thema Circus und Artistenleben.

Dann steigt die Spannung, diesmal für uns:
Gefällt den Kindern das *Lied*? – Sind sie mit dem noch nicht ganz fertig gewordenen Fragment zufrieden? – Ha! nach anfänglich düsteren Gesichtern
(immerhin muß sich das Lied ja mit dem von gestern messen lassen) und
leichter Zurückhaltung sind sie dann doch einig: »nicht schlecht!?!«. Für den
Refrain wird auch sofort eine Bewegungssequenz gefunden, die es noch
einmal leichter macht, sich den Text zu merken. Da die Strophen noch nicht
fertig sind, setzen wir uns bald zum ersten Plenum auf den Teppich.

Der *Probenplan* wird vorgetragen: Sarah wußte gestern noch nicht genau, was sie wollte. Heute weiß sie, daß es der Clown ist, aber sie will auf jeden Fall erstmal noch am Seil probieren, bevor sie sich zwischen Ballerina und Akrobatin entscheidet. Mit der Möglichkeit sind alle einverstanden, wenn sie sich bis zum Circusrat am Nachmittag Klarheit verschafft hat.

Patrik und Jan hatten sich gestern jeweils für fünf Nummern ausgesprochen, von denen zwei sichtbar gewählt wurden, weil der jeweils andere sich dafür entschieden hatte. Als sie sich nun auf zwei Nummern festlegen sollen, löst sich der Knoten unvermutet schnell, und es bleibt für jeden eine Nummer, die sie ohne den anderen angehen wollen.

Auch die Frage nach *dem/der DirektorIn* wird besprochen. Da sich, ohne zu zögern, acht Kinder stürmisch melden, tragen wir kurz vor, mit welchen Aufgaben der/die DirektorIn rechnen muß, und geben zu bedenken, daß das neben der Nummernerarbeitung geschehen muß und daß der/die DirektorIn den Circus ZappZappzerapp vor dem Publikum repräsentiert, also eine große Verantwortung trägt. (So schwer ist die Arbeit der Direktion nicht unbedingt. Aber ihr solltet gut überlegen, ob das mit dem zusammengeht, was ihr euch für die Nummern vorgenommen habt. Wenn ihr es dann wirklich wollt, wird im Circusrat nochmal darüber geredet und dann entschieden, wer was wie macht.) Aber jetzt beginnen erst einmal die Proben.

Die Neugier auf den Verlauf der Proben ist beiderseits gleichermaßen groß. Wie wird die Stimmung, wie geht die Arbeit voran? Je nach Art der Technik geht es sofort ans Üben und Ausprobieren, oder die unterschiedlichen Vorstellungen zu der möglichen Präsentation werden erst einmal besprochen, damit es zu keinem Mißverständnis kommt (z.B. Tiere, Clowns …).

Ein Kind hatte völlig andere Vorstellungen als der Rest der Gruppe oder als es in dem gegebenen Rahmen möglich war. Und da wir Jochen nicht zwingen wollten und Jutta auch keinen schnell dressierbaren Hund besorgen konnten, blieb nur eine Möglichkeit: wir haben die Probleme in Ruhe gemeinsam besprochen (in der jeweiligen Gruppe oder auch im Circusrat).

So konnten einige Schwierigkeiten durch die Integration einer Solopräsentation in die Gesamtnummer gelöst werden, ein anderes Problem war durch Gruppentausch schnell erledigt, und bei anderen stellte sich heraus, daß der Konflikt auf einer ganz anderen Ebene lag: z.B. die Freundin hat sich kurzfristig umentschlossen und nun sitze ich hier, obwohl …; der Wunsch, sich richtig auszutoben, ist größer als die Bereitschaft, sich auf andere einzulassen. (Zum weiteren Verlauf der Proben sind in den Technikteilen jede Menge Hinweise).

Im Laufe des Vormittags werden die Gruppen noch einmal gewechselt und die, die erst am Nachmittag mit ihrer zweiten Nummer anfangen können, übernehmen bis zur Mittagspause Aufgaben, die der Werkstattbereich anbietet.

In die Mittagspause gehen alle mit dem Gefühl, etwas geschafft zu haben. Nachfragen an Kinder, mit denen man nicht gearbeitet hat, werden mit erwartungsfroher Offenheit beantwortet oder mit geheimnisumwitterter Entschiedenheit (»Das ist doch eine Überraschung«) zurückgewiesen.

➤ Nachmittag

Der Nachmittag wird wieder mit einer kleinen *Erwärmung* eingeläutet, in die auch schon *kleinere Präsentationsübungen* eingebettet sind. Die neuen Angebote machen den Kindern Spaß und sind wichtig, um die Erwartung weiter anzufachen bzw. aufrecht zu erhalten. Aber schon bald drängen sie darauf, in die Proben zu gehen, ihr Programm fortzusetzen.

Der dritte Probenblock bietet einigen der DirektorInnenanwärtern die Möglichkeit, sich mit ihrer evtl. Rolle bekannt zu machen, da sie schon am Vormittag ihre beiden Nummernproben absolviert haben. Sie bilden also eine eigene kleine Gruppe und »besuchen« die vier Probenräume des Nachmittags mit der Aufgabe, nach möglichen Ansagen für die Nummern zu suchen.

Nach der Kaffeepause, die komischerweise auch bei den Kindern mittlerweile so heißt, wird eine umfassendere *Show-Übung,* die *Ansagenkette,* zur Aufwärmung eingeschoben. Bei Applaus und Spaß wird den Kindern hier zum erstenmal die mögliche Realität eines Auftrittes gezeigt, deren Schwierigkeiten aber erst morgen aufgearbeitet werden, weil das seine Zeit braucht. Es werden zwar direkt Hinweise zu den einzelnen Ansagen gegeben, aber auf Wiederholungen und Sonderaufgaben verzichtet.

Eine *freie Übungszeit,* d.h., aufgebaute, bereitgestellte Geräte und Materialien mit und ohne Betreuung beschließen, wie am Vortag, das Training. Da zum Teil schon recht zielgerichtet gearbeitet wird, machen wir bei zu stark beeinträchtigter Konzentration durch Dritte gezielte Angebote für diese.

Im Circusrat auf dem Teppich zeigt sich, daß das Vertrauen der Kinder zueinander und zu uns gewachsen ist. Die leiseren Äußerungen kommen ebenso zum Tragen wie die stetig drängenden.

Witzigerweise tut der Hinweis, wir seien hier doch nicht in der Schule, seine Wirkung: die schnippenden Hände sinken herab, und manch eine/r wartet sogar geduldig auf den richtigen Zeitpunkt.

Einzelne *Fragen nach Kostüm, Requisiten, Schminke* zeigen uns die zunehmende Auseinandersetzung mit der Arbeit ebenso wie erzählte Berichte aus den Probezeiten. Persönliche Konflikte aus Probe und Pause gehören genauso zu den besprochenen Themen wie Wünsche, die in den Proben nicht erfüllt wurden oder über sie hinausgehen.

Von den acht *DirektorenanwärterInnen* bleiben drei übrig. Tobias hat schon einmal Direktor gespielt, Hannah und Rike wollen zusammen arbeiten. Für die Gruppe ist das kein großes Problem: »Die können sich das doch teilen!« Alle sind mit den Dreien als Ansager und RepräsentantenInnen des Circus einverstanden.

3. Tag

Für die Kinder beginnt der Circustag inzwischen schon *vor der Einstiegs-Aufwärmphase*. Sobald sie in der Halle sind, haben sie zu tun, mit und ohne uns. Sie gehen direkt an die Geräte, die sie ohne Betreuung nutzen können, bereiten die Proben vor, haben Kostüme mitgebracht, sich Gedanken zum Lied gemacht oder wollen einfach nur erzählen, wie das schon fertige Plakat zu Hause aufgenommen wurde oder wo sie es in der Stadt aufgehängt haben.

So beginnt das Aufwärmen heute etwas später und gerät auch etwas kürzer als sonst, da die Proben locken. Bevor wir in die Gruppen gehen, sagen wir noch kurz an, daß wir versuchen werden, heute nachmittag eine kleine Aufführung zu machen, in der die Nummern oder Sequenzen aus den Nummern, die schon fertig sind, vorgestellt werden können.

Dann noch einmal zur Erinnerung das *Lied vom Circus ZappZappzerapp* und los geht's: Proben / Wechsel / Proben / Mittag.

Da draußen schönes Wetter ist, gehen die Betreuer nach dem Mittagessen mit den Kindern auf den Schulhof, wo sie ziemlich ausgiebig kräftezehrende Laufspiele machen und so nach der Pause völlig aufgedreht und erschöpft zurückkommen[1]. Die geplanten Show-Übungen sind mit der daraus resultierenden Konzentration nicht sinnvoll. Also verschieben wir den Arbeitsbeginn und bieten den Kindern erst einmal die Möglichkeit, etwas Ruhe zu finden.

➤ Nachmittag

Also erstmal Matten ausbreiten, und alle Kinder sollen sich auf den Rücken legen, *ein Entspannungs-Spiel*. Mit dem Po/Hinterteil/Rücken so über den Boden schubbern, als ob man sich im Sand eine kleine Kuhle bauen will. Füße aufstellen und den ganzen Rücken am Boden spüren. Ganz langsam die Beine ausstrecken, ohne mit dem Rücken den Bodenkontakt zu verlieren. Eine Hand unter den Rücken/Lendenbereich legen, da wo noch ein bißchen Luft ist. Wer will, kann die Augen zumachen. Nun mit dem Rücken

---

1 Hinweise zur Mittagsbetreuung:
– Rückzug, Ruhe ist angesagt. Um dieses zu ermöglichen, wäre es ideal, wenn sich ein »Schlummerraum« zum Schlafen, Kuscheln oder Vorlesen einrichten ließe (was in der hier beschriebenen Woche leider nicht möglich war).
– Die BetreuerInnen sollten nicht von den AnleiterInnen gestellt werden, da diese die Besprechungspause vor dem Nachmittag brauchen. Doch auch eine »fremde« Person, die nur zur Mittagszeit bereitsteht, wäre schwer integrierbar. Sinnvoll also ist jemand, der/die z.B. unterstützend im Werkstattbereich beteiligt ist oder bei der einen oder anderen Nummer mithilft.
– Als Angebot kann der Werkstattbereich geöffnet bleiben. Vielleicht lassen sich einige Brettspiele beschaffen, und für Aktivitäten draußen sollten die Spielaktionen auch calm-down Elemente enthalten. Möglichkeiten zum Spazierengehen o.ä. sind ebenfalls nicht von der Hand zu weisen.

auf die Hand drücken, als wolltet ihr sie festklemmen. Dann die Hand vorsichtig rausziehen, so schlapp wie möglich werden und so liegen bleiben. Denkt an die Proben am Vormittag – was hat euch besonderen Spaß gemacht, was wollt ihr unbedingt in dieser Woche noch lernen? Augen auf, aufstehen, recken und strecken. Den Kopf schütteln, dabei ausatmen und Wangen locker lassen. Ohne Kopfschütteln, ganz langes Flabbern der Lippen (wie die Pferde), später mit Stimme und in unterschiedlichen Lautstärken. Zum Schluß noch einen »Schlachtruf« [siehe Kapitel V 7d Musik] und Sammeln auf dem Teppich, wo das weitere Vorgehen besprochen wird.

So vorbereitet, können die *Präsentationsübungen* von wieder aufmerksameren Kindern gemacht werden, und Sprechen, Ansagen, Sich-Vorstellen werden nicht in überdrehter Fahrigkeit durchgeführt. Patrik ist noch nicht soweit, er ist bei der Kreisvorstellung so albern und flapsig, daß niemand ihn verstehen kann. Als wir ihn auffordern, seinen Gang ein zweites Mal zu machen, ist er noch schneller und unverständlicher wieder fertig. Jetzt »glauben wir« ihm gar nicht mehr. Einen dritten Anlauf will er sich eigentlich verkneifen. Die ganze Gruppe will aber auch ihn sehen und verstehen und hilft beim drittenmal durch ihre Aufmerksamkeit. Die gemeinsame Wiederholung fällt fast begeistert aus, und Patrik hat gemerkt, daß er auch in der ganzen Gruppe ernst genommen wird.

Nach dem Heij! und einer diesmal differenzierten Ansagenkette geht es zum dritten Probenblock des Tages. Da *am Ende eine kleine Aufführung geplant* ist, werden auch die DirektorInnen gebeten, sich auf die ein oder andere Ansage vorzubereiten und in den Gruppen nachzufragen, ob sie eine Ansage wollen, wie die Gruppe heißt, etc.

Teepause (einige trinken auch anderes)

Wir installieren eine improvisierte Bühne mit Paravent und Zuschauerreihen. Die DirektorInnen haben zu einer Nummer eine Ansage vorbereitet, die anderen Nummern sagt der Thos mit »Arbeitstiteln« an. Während die Nummern oder Teile daraus gezeigt werden, bietet sich uns die Möglichkeit, mit musikalischer Unterstützung zu experimentieren und das Geschehen in der »Manege« so zu begleiten.

Die Zauberer, die Clowns, die Feuerbauchtänzer und der Hund Schlappi verraten noch nichts aus ihren Nummern. Die Präsentation spielerischer und logisch eingebundener Aktionen braucht zum einen etwas mehr Zeit in der Entwicklung als die bewegungsreichen akrobatischen Arrangements und lebt auch von der Überraschung, die die Pointen, Gags und Tricks bereithalten. Die Tellerdreher und die Lollifitzjongleure sind noch nicht so weit, daß sie etwas zeigen wollen.

So besteht das Programm aus Stabakrobatik, Laufrolle, Laufkugel, Trampolinspringen und Parterreakrobatik mit der »Spaghetti-Familie«…, und das kann sich schon sehen lassen. Die Vorstellungen von dem, was da über-

morgen in der Manege ge-
schieht, werden für die Kinder immer konkreter.

Das zeigt sich auch im
abschließenden Circusrat.
Die Aufträge, Fragen und
Bedürfnisse der Artisten beziehen sich immer detaillier-
ter auf das Programm.

4. Tag

Der Aufwärmung und der Probezeit wird heute für die meisten Kinder eine
richtige, kurze Trainingszeit vorgeschaltet. Bevor noch alle da sind, fangen
sie einfach an. Sie wissen, wo sie weiterarbeiten können oder was ihnen die
meisten Schwierigkeiten bereitet. Einige fordern sogar eine Betreuung/Hilfe
an den Geräten, wie z.B. der Laufkugel, weil der freie Stand auf ihr in der
Aufführung auf jeden Fall gezeigt werden soll. Der Ortswechsel, den wir
heute vollzogen haben, da wir uns zum ersten Mal in der Stadthalle treffen,
spielt für sie dabei kaum eine Rolle.

Wir beginnen ohne Verzögerung mit dem Wärmen, in dem heute wieder
viel Wert auf die Präsentation gelegt wird (Gefahr von hinten, Aufstand,
Heij!). Im Plenum auf dem Teppich wird der Tagesablauf besprochen. Jede
Gruppe bekommt heute *eine Probezeit in der Manege,* um sich den Auf-
führungsplatz zu erobern, und wo an der Fertigstellung der Nummern ohne
Störung gearbeitet werden kann. Alle anderen Kinder arbeiten in einem anderen Raum, an der Dekoration und Gestaltung der Kasse, an den Bauchläden, an dem großen Circusschild über dem Paravent oder an noch
benötigten Requisiten.

Schnell wird gesammelt, wieviel Zeit jede Gruppe in der Manege braucht,
ein Zeitplan aufgestellt und ausgehängt. Daß am Nachmittag die Generalprobe stattfindet, weiß inzwischen zwar jede/r, aber es wird trotzdem noch
einmal öffentlich angesagt. Die Reihenfolge der Übungszeit in der Manege
richtet sich schon nach dem Programmablauf der morgigen Vorstellung.

Diese Manegenzeit erweist sich auch diesmal als besonders wertvoll,
weil die Kinder zum Teil zum ersten Mal mit ihrer Nummer allein in der Manege sind, weil zusätzlich zu den Nummernbetreuern jeweils noch eine/r
von uns als Publikum, Beobachter, Regie (je nachdem, was notwendig ist)

dabeisitzt und so eine Atmosphäre geschaffen wird, die mehr als tausend Worte sagt, daß es »ernst« wird, und was da alles zugehört.

Die Nummern, deren Ablauf schon fertig ist, werden ein- oder zweimal durchlaufen und erhalten in einer *Nachbesprechung* den vorletzten Schliff. Die Sicht der Artisten bleibt nach wie vor genauso wichtig wie die Stimmen der Betreuer/TrainerInnen. Nummern, die noch unvollständig sind, werden in aller Ruhe weiterentwickelt, was nicht immer einfach ist, weil die Zeit knapp bemessen ist und die nächste Gruppe schon auf den Plan geguckt hat und bald ungeduldig drängelt.

Wenn noch Schwierigkeiten bleiben, wird ein Sondertermin gefunden und eine *Extraprobe* im Foyer der Halle einberufen. Der Klaus geht mit seinen Zauberern noch mal die Präsentation durch, und die Clowns versuchen mit Reinhard das timing/die Reihenfolge der Auftritte zu verbessern, das »hinkt« nämlich noch etwas.

So entsteht vor und nach dem Mittagessen eine aufgeregte Geschäftigkeit, in der aber alle wissen, was zu tun ist, denn auch im Werkstattbereich läuft die Arbeit auf Hochtouren und manch eine/r will für eine Probe gar nicht vom Bau des Kassenhäuschens lassen.

➤ **Nachmittag**

Den Direktoren beschert diese Dichte besonderen Streß, da sie für ihre eigenen Nummern bereit sein müssen, für die anderen, wenn möglich, aber schon eine Ansage vortragen, oder mit den Artisten die Nummer gemeinsam erstellen sollen.

Ruck, zuck, und mit vielen Gesprächen, Schweiß, Aufregung, aber auch Ruhe und Konzentration, haben wir das Mittagessen hinter uns und sind an der Kuchenpause angelangt. Ein kurzes Treffen auf dem Teppich beschließt die Sequenz. Noch einmal wird gesammelt, wo Schwierigkeiten sind, wo Requisiten fehlen, wo noch Proben gewünscht werden, etc.. Dann gibt es Saft, Wasser, Tee und Kuchen, und die *Generalprobe* beginnt.

Für alle AkteurInnen steht ein Stuhl bereit, den sie mit einem Namensschild kennzeichnen sollen. Die Stühle werden heute ums Manegenrund gestellt, so daß alle alles sehen können. Der Gang hinter die Kulissen ist so der gleiche wie bei der Ansagekette der Vortage (von außen hinter den Vorhang und dann durch den Paravent in der Mitte in die Manege; Abgang, den gleichen Weg rückwärts).

Es ist halt eine Generalprobe. Viel geht daneben, Texte werden vergessen, Teller fallen, Zauberutensilien wurden verlegt, die Pyramide klappt, bricht aber zu früh zusammen, einige Artisten gehen dennoch zu ihrem Auftritt direkt durch die Manege, die Kugel ist zu rutschig, ohne Kostüm kann der Clown nicht stolpern – aber die meisten Aktionen gelingen doch. Die erstmalig komplette Unterstützung durch die Musik sowie der Applaus der Zuschauenden macht schon eine richtige Auftrittsstimmung.

Die Generalprobe ist vorbei, die Zeit überschritten (die Eltern warten schon), und die Artisten sitzen wieder auf dem Teppich. Der Plan für morgen wird besprochen. Erst gegen Mittag kommen die Artisten in die Halle (sonst sind sie am Nachmittag schon fix und fertig), dann wird auch nicht mehr geübt, sondern nur noch vorbereitet. Bringt alles mit, was ihr (noch) braucht. Tschüß und träumt was Aufregendes … Die Generalprobe wird nicht nachbesprochen, weil die Kinder inzwischen selbst zu den Verantwortlichen geworden sind. Sie wissen, worauf es ankommt, und sollen nicht durch übermäßige Beratung verunsichert werden. Wenn noch Fragen auftauchen, werden sie sie stellen, und es bleibt genügend Zeit, sie zu besprechen.

➤ **Abend**

Die Kinder sind weg, Ruhe in der Halle, doch jetzt geht's wieder los: *die Halle wird dekoriert.* Wir prusseln, werkeln, beleuchten, bauen, bedecken, binden, verrücken, als wollten wir alle Zeit, die die Kinder im Laufe der Woche im Werkstattbereich verbracht haben, aufholen und nutzen dabei die Gegebenheiten der Halle voll aus.

Ein bißchen ist es immer wie Weihnachten, wenn der Gabentisch vorbereitet wird, denn auch hier muß alles stimmen. Z.B. werden die *Stühle der Artisten* auf eine Seite gestellt, so daß eine Art Chor entsteht, damit alle wieder alles sehen können und doch leicht hinter dem großen Vorhang verschwinden können; das Licht wird so eingerichtet, damit es die Szenerie gut beleuchtet, die Artisten aber nicht irritiert. *Aber Vorsicht:* Bei aller Freude an der Gestaltung, bei aller Perfektion, die wir selbst auch nicht lassen können – die Sachen, die den Kindern gehören, werden nicht angerührt; sie gehören ihnen. Bei aller Zeitknappheit: wir würden des Guten zuviel machen, wenn wir die Kasse aufbauten oder den Artisten ihre Requisiten zurechtlegten. Aber auch so wird uns die Zeit nicht lang.

5. Tag

Was gestern nicht mehr fertigzustellen war, wird vollendet, *das musikalische Begleitprogramm* wird abgesprochen, und die ersten Kinder, die nicht bis 12.00 Uhr warten konnten oder von den Eltern schon früher gebracht wurden, werden begrüßt.

➤ Nachmittag

Als die »Circusfamilie« vollzählig ist, wird zum Teppich geläutet und die letzten Absprachen getätigt. Bald wissen alle, wer alles sein Kommen zugesagt, welche Mutter in Nachtarbeit noch am Kostüm gesessen, wer die Süßigkeiten für den Bauchladen gespendet, was die ein oder andere geträumt hat, und alle sprechen über den weiteren Verlauf des Tages. Aber die Aufführung macht auch nervös, und einige Kinder gilt es zu beschwichtigen oder auch durch weitere Arbeiten abzulenken …

Zuerst malen alle, die geschminkt werden wollen, ihren *Schminkwunsch* auf ein Blatt, dann wird eine Liste ausgehängt, auf der sich jede/r für die Maske einträgt. Während sich vor dem Schminkraum eine Schlange bildet, wird letzte Hand an das Kassenhäuschen gelegt, im Foyer eine Galerie mit handsignierten Bildern eingerichtet, Verbesserungsvorschläge zur Dekoration ausgeführt, weiter an den verflixten Techniken geübt und werden die Requisiten so gelegt, daß sie auch in der Hektik der Aufführung wiederzufinden sind.

Für alle Kinder sichtbar, wird der *Programmablauf neben den Manegeneingang gehängt*, so daß sie frühzeitig in Startstellung gehen können und keine unnötigen Pausen entstehen. Bis zum Auftritt vergeht die Zeit wie im Flug. Die ersten Zuschauer stehen bereits im Foyer, als die letzten Kinder stolz ihre Schminkmaske in der Manege präsentieren. Da liegen alle Artisten ruhig auf dem Boden und malen sich in Gedanken aus, wie die Vorstellung gleich werden wird, oder gehen die einzelnen Nummern noch einmal durch oder stellen sich vor, was passiert, wenn der Opa doch noch kommen kann. Das Gemurmel vor der Tür dringt bis hierher, aber das soll jetzt gar nicht stören. Hier ist eure Manege, und ihr zeigt gleich alle, was ihr könnt. – Fünfzehn Minuten vor dem Auftritt sind die Kinder nicht mehr

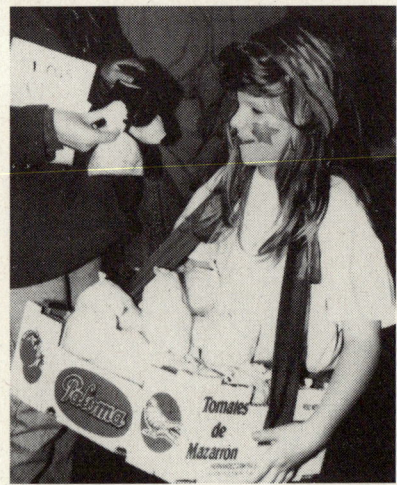

zu halten, die Bauchläden werden umgehängt, die Eintrittskarten zusammengeholt, und ab geht's ins Gedränge.

Die Nervosität erreicht ihren Höhepunkt, als alle dann auf der Hinterbühne versammelt sind, das Publikum auf den Plätzen sitzt und Bärbel schon in der Manege steht und ein paar Worte zu dem Programm sagt.

Zum Schlachtruf kommen alle noch einmal zusammen. Der wird sogar so laut, daß Bärbel auch ohne das verabredete Zeichen Bescheid weiß – jetzt beginnt der Spaß: *Toi! Toi! Toi!*

★ ✪ ★ ✪ ★ **PROGRAMMABFOLGE** ★ ✪ ★ ✪ ★

E I N Z U G und das Lied vom Circus Zapzappzaerapp

Die fliegenden Teller

Die Gewichtheberclowns: Artistenfamilie Hugaduga

Stabakrobatik mit den Mikados

Die Zauberer Zubini, Fidibum und Magus

Die rollenden Knollen

Die rockige Rockerkugel mit den rockigen Rockern

Die Lollifitzjonglöre

Magische Zauberer: Die verzaubernde Daniela,
der große Eddi und die magische Fee Magda

Trampolinakrobatik mit den hüpfenden Fröschen

Die vier Tossinis

Die Clowns Piff und Paff

Bodenakrobatik mit der Spaghetti-Familie

Der akrobatische Hund Schlappi

Feuerbauchtanz der Feubauhollis

★ ✪ ★ ✪ ★ ✪ ★ ✪ F I N A L E ✪ ★ ✪ ★ ✪ ★ ✪ ★

Ohjemine, war das aufregend …!
Bevor die Gruppe auseinander springt und sich bei Eltern, Freunden, Verwandten zurückmeldet, sammeln wir uns ein letztes Mal hinten (den Teppich haben wir schnell aus der Manege geholt). Immer noch ein Team, sprechen wir kurz, ganz kurz über das, was war, gratulieren allen zu der wirklich gelungenen Aufführung und sagen: Tschüß! … Vielleicht bis zum nächsten Jahr!

VII. Literatur/Auswahl-
bibliographie

a) Bücher zum schmökern und stöbern:
»Circus und mehr ...«

Berthold, M.: Kommödiantenfibel; München 1979

Bolton, R.: New Circus; London 1987 [Calouste Gulbenkian Foundation]

Ende, M.: Das Gauklermärchen; Stuttgart 1982

Ernst, G.: Charivari – Geschichten von Zirkus, Varieté und Show; Berlin 1990

Esrig, D.: Commedia dell'arte; Nördlingen 1985

Geese, U.: Eintritt frei, Kinder die Hälfte – Kulturgeschichtliches vom Jahr-markt; Marburg 1981

Heller, A.: Trilogie der möglichen Wunder; Berlin 1983

Johannismeier, R.: Spielmann, Schalk und Scharlatan – Volkskultur im spä-ten Mittelalter; Reinbeck 1984

Kuchejda, M.: ... als hätten wir nur Spaß gehabt – Eine Begegnung mit dem Circus Roncalli; Gelsenkirchen-Buer 1981

Künnemann, H. /E. Straube: Sieben kommen durch die halbe Welt; Wein-heim 1981

Miller, H./J. Miró: Das Lächeln am Fuße der Leiter; Hamburg 1978

Pestum, J.: Zorros Zirkus; Stuttgart 1989

Schulz, K./H. Ehlert: Das CIRCUS-Lexikon; Nördlingen 1988

Winkler, G. und D. (Hrsg.): Allez hopp durch die Welt – Aus dem Leben berühmter Akrobaten; Berlin 1987

Wolfram, P.: Die Nummer – Bericht aus dem Alltag von Artisten; Darmstadt 1988

Ziethen, K.-H.: Die Kunst der Jonglerie; Berlin 1988

b) Techniken der Gaukelei

Baier, R. et al.: Jonglieren ... vom Werfen, Fangen und Drehen; München 1989

Blume, M.: Akrobatik; Aachen 1992

Borkens, K./R. Gödde/Th. Renneberg: Das kleine Gaukler-Handbuch; Münster 1989

Bräutigam/Meyer: Schattenspiele für die Grundschule; Donauwörth (4) 1988

Canacakis, J. et al.: Wir spielen mit unseren Schatten; Hamburg 1986

Dachale, H.: Zauberhaftes für kleine Leute (Reihe 3 – 7); Offenbach 1986

Finnigan, D.: Alles über die Kunst des Jonglierens; Köln 1987
Fodero, J.M. und E.E. Furblur: Creating Gymnastics, Pyramids and Balan-
    ces; Leisure Press 1989 (Bezug: Jonglierläden)
Höher, S.: Einradfahren; Hamburg 1991
Huisman, B. und G.: Akrobatik; Hamburg 1988
Kahlert, E. und F. Kohlsaat: Zauberkiste; Hamburg 1987
»KASKADE«: europäische Jonglierzeitschrift mit Terminen, Tricks und
    Berichten; Erscheinigsweise 4/Jahr;
    Bezug: Gabi und Paul Keast, Annastraße 7, 6200 Wiesbaden
Kersten, R.: Schwarzes Theater; Frankfurt/a. M. 1990
Merlin, J.: Zaubertricks – für Anfänger und Fortgeschrittene; Niedern-
    hausen/Ts. 1992
Neutert, N.: 100 Tricks und Zaubereien; Hamburg 1990
Reinhardt, F.: Schattenspiele für Kinder; München (2)1989
Reinhardt, F.: Schwarzes Theater; München 1991
»Der Übungsleiter«: Arbeitshilfen für ÜL im DSB 11 und 12/92; 2 und
    3/93f.: Rhönradturnen
Wüpper, E. & Zirkus Kralle: Kinder, Clowns und Kapriolen – Zirkus zum
    Selber machen; (besonders gut für's Zaubern); Hamburg 1988

c) Präsentation und Show

Batz, M./H. Schroth: Theater zwischen Tür und Angel; Reinbeck 1983
Batz, M./H. Schroth: Theater grenzenlos; Reinbeck 1985
Borkens, K./R. Gödde/Th. Renneberg: Das kleine Gaukler-Handbuch;
    Münster 1989
Fo, Dario: Kleines Handbuch des Schauspielens; Frankfurt/a.M. 1989
Ruping,B. und W. Schneider (Hrsg.): Theater mit Kindern Erfahrungen,
    Methoden Konzepte Weinheim/München 1991
Schriever, E./U. Wehmeier: Theaterwerkstatt – Von der Idee zur Szene;
    Wege zum Einstieg; Düsseldorf 1989
Spolin, V.: Improvisationstechniken; Paderborn 1983
Theißen, P.: Drauflosspieltheater; Weinheim/Basel 1990

d) Werkstatt

Beri, G.: Masken selbst herstellen; Düsseldorf 1986
Brüggebors, G.: Das lustige Handtheater; Hamburg 1989
Govier, J.: Theaterwerkstatt – Bühnenrequisiten selbstgemacht; Wiesba-
    den/Berlin 1986
Jans, M.: Schminktechniken; Hamburg 1987
Mariotti, M.: Inganni; Bertelsmann

Animani; Bertelsmann

Seitz, R. (Hrsg.): Masken – Bau und Spiel; München (3)1986

Thomas, T.: »Theaterwerkstatt – Bühnenbild und Kulissen selbstgemacht«; Wiesbaden/Berlin 1987

Young, D.: »Theaterwerkstatt – Maskenbildnerei und Schminken«; Wiesbaden/Berlin 1988

e) Spielereien, warming up ...

Baer, U.: »500 Spiele für jede Gruppe für alle Situationen«; 1988 (von new games über Rollenspiele zur Gruppendynamik)
Bezug: Akademie Remscheid, Küppelstein 34, 5630 Remscheid

Bort, W.: Komm zu unserem Kinderfest; Offenbach 1988

Broich, J.: Körper- und Bewegungsspiele; Köln 1991

Fluegelman, A./Sh. Tembeck: Die neuen Spiele – Band I und II;
ahorn Verlag (I) 1979 / (II)1982

Geißler, U.: Tausendfüßlers Taschentuch – Spiele mit Seilen und Tüchern; Münster 1990

Geißler, U.: Jetzt geht's rund – Spielaktionen für alle Gelegenheiten; Münster 1991

Grabbet, R.: Laufen, Toben, Springen ... Loben – Bewegungsspiele in Kindergruppen; Offenbach 1987

f) »von allem etwas«
... Sammlungen zum Thema Circus mit Kindern

Dachale, H.und D. Bleckmann: Manege frei, wir sind dabei (Reihe 3 – 7); Offenbach 1988

Hasenbeck, M.: Wir sind die Clowns (Reihe 8 – 13); Offenbach 1988

Hoyer, K. (Hrsg.): AOL Zirkus; Lichtenau (6)1990

Kölner Spielecircus: Circusspiele – Ideen für die Circuspraxis; Köln 1992

Müller, E.: Manegenzauber – Kinder spielen Zirkus; München 1989

VIII. Kontaktadresse
für Anregungen, Fragen und Kritik

WORKSHOPS

Unterricht für Jugendliche oder Kinder, die sich in circensischen Techniken erproben oder vorhandene Fertigkeiten weiterentwickeln wollen.

WORKSHOPS

Weiterbildung für Erwachsene, die mit Kindern oder Jugendlichen circensische Techniken erarbeiten wollen.

Circustheater
für Kinder

- *Clownerie zum Ablachen und Mitmachen*
- *Jonglage allein, zu zwei'n zum schrei'n*
- *Akrobatik in Wort und Bewegung*
- *Geschichten zum Raunen und Staunen*
- *Musik zum Tanzen und in die Ohren pflanzen*

Kinder-Ferien-Circus

Der Kinder-Ferien-Circus ist ein einwöchiges Projekt für eine feste Gruppe von Kindern ab 7 Jahren, mit täglichem Training und Entwicklung eigener Nummern, die zum Abschluß der Woche mit Life-Musik zur öffentlichen Aufführung kommen.

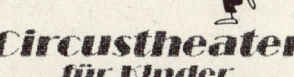

Circus Mücke
c/o T. Renneberg
Haldenstr. 19, 4200 Oberhausen
Tel.: 0208/ 804187
oder Klaus Borkens
Tel.: 0201 / 347650

Bitte genauere Informationen anfordern